O Chamado da Deusa

Memórias de um Alto Sacerdote

Publicado originalmente em inglês sob o título: *Touched By The Goddess* © 2021
- Alexander Cabot. Fenix Flames Publishing Ltd

Tradução autorizada do inglês
Direitos de edição para a Língua Portuguesa
© Editora Ardane

Editor: Claudiney Prieto
Coordenação Editorial: Luciana Papale
Tradução: Ardane Books
Diagramação e Projeto Gráfico: Priscila Souza
Capa: Priscila Souza
Revisão: Papale's Editorial

DADOS INTERNACIONAIS DE CATALOGAÇÃO NA PUBLICAÇÃO (CIP) CÂMARA BRASILEIRO DO LIVRO, SP, BRASIL

C116 CABOT, Alexander
O Chamado da Deusa: Memórias de um Alto Sacerdote / Alexander Cabot; tradução de Ardane Books. Editora Ardane | 1ª edição | São Paulo | 2024

Tradução de: *Touched by the Goddess – Memoirs of a High Priest*
ISBN: 978-65-85370-40-0

1. Wicca. 2. Bruxaria 3. Paganismo. 4. Magia. 5. Autobiografia. I. Título. II. Autor

CDD 133.43
CDU 133.4

Índice para catálogo sistêmico:
1. Bruxaria: Paganismo 133-43

EDITORA ARDANE
www.ardane.com.br
Fone: (11) 97774-4013
E-mail: contato@ardane.com.br
Instagram: @ardanebooks

Alexander Cabot

O Chamado da Deusa

ARDANE

A **Editora Ardane** e seus escritores não se responsabilizam por eventuais lesões ou danos sofridos pelo leitor que possam decorrer da utilização do conteúdo presente nesta obra. Sugerimos prudência e ponderação ao realizar as práticas apresentadas neste livro. O conteúdo desta leitura não tem como objetivo substituir orientações de profissionais da área médica ou psicológica. Recomendamos aos leitores que procurarem seus especialistas em saúde pessoal para possíveis tratamentos. O uso de ervas, plantas e óleos essenciais deve ser feito com cuidado e uma investigação detalhada acerca de qualquer planta citada neste livro deve ser conduzida pelo leitor antes de manuseá-la. Ao lidar com fogo, siga as medidas de segurança contra incêndios e jamais deixe velas ou outras fontes incandescentes sem supervisão.

Dedicatória

Dedico esta obra autobiográfica espiritual à Deusa Mãe, o ser senciente do nosso Planeta Terra, o lugar que chamamos de "lar". E aos professores, Altos Sacerdotes e Altas Sacerdotisas que me fizeram prosperar. Por fim, dedico este livro à minha mãe biológica, sem a qual eu não estaria aqui hoje!

Sumário

Agradecimentos

Sou profundamente agradecido à Laurie Cabot, minha Alta Sacerdotisa, e sinto-me honrado em compartilhar o legado da Tradição Cabot, uma parte importante da minha jornada.

Minha gratidão vai também para Lady Rhea, uma das minhas amigas mais queridas. Agradeço imensamente por seu contínuo amor e apoio. Foi ela quem me incutiu a paixão pela escrita, ao me dar o privilégio de contribuir para suas obras publicadas. Foi por causa dessa paixão que decidi contribuir com meu próprio trabalho para a comunidade que tanto prezo.

Sou imensamente grato a Aron Paramor, por sua incrível e exclusiva contribuição na forma do artigo sobre Aleister Crowley. É honesto, incisivo e abrangente.

Honro e agradeço a Sorita d'Este por suas contribuições e apoio amoroso, sempre.

Meus sinceros agradecimentos também a Laila Florane, por sua imensa contribuição para esta obra. Sua paixão pelo meu legado, sua orientação e seu conhecimento de História e da palavra escrita ajudaram a montar esta bela tapeçaria das jornadas da minha vida.

E a David Moore, meu irmão de honra, proteção e orientação, agradeço por seu talento na edição do meu livro e por garantir que minhas memórias escritas tenham o fluxo e a funcionalidade adequados para uma leitura ótima.

Um agradecimento muito especial a todos os revisores, amigos e colegas que ajudaram a refinar esta obra. Vocês foram todos uma bênção.

Palavras Iniciais

Desde seu nascimento em Havana, Cuba, Alexander estava destinado a realizar obras maravilhosas de amor e espírito, espalhando suas bênçãos para todos os lugares a partir de seu novo lar, Nova York. A Deusa o reivindicou desde o início, e com seu beijo de aprovação, sua jornada espiritual começou. Desde os dias da Magickal Childe e Enchantments, vi sua vida e descobertas espirituais se desenrolarem; seu coração sempre esteve ligado à Grande Mãe. Quando lhe dei o nome de Lord Hekatos, um epíteto de Apollo, ele incorporou bem esse Deus da Luz, mas sempre soube que ele seria um filho secreto da Deusa. Alexander sempre foi respeitoso e serviu bem a suas Altas Sacerdotisas, reconhecendo-as como avatares de sua Senhora. Mais do que apenas respeitoso, ele sempre foi generoso com seu tempo, amor e devoção.

Como um bom representante do Divino, seu comportamento, mesmo durante a juventude, sempre foi exemplar aos meus olhos. Ele sempre proporcionava às pessoas novas reflexões, perspectivas e apreciações da Arte. Eu realmente apreciei minha jornada com meu

Alto Sacerdote, irmão e amigo. Uma das coisas mais belas sobre as memórias seguintes é que todos podemos ver uma parte de nossa própria conexão espiritual com o Divino em sua história.

Vamos dar as mãos enquanto viramos essas páginas mágicas juntos, em amor e confiança. O Círculo está aberto, mas nunca quebrado. Que assim seja.

Lady Rhea

Autora de *The Enchanted Candle* e *The Enchanted Formulary*

Prefácio

Por Laurie Cabot

Quando crianças, a vastidão do nosso Universo parece incompreensível e, muitas vezes, até hostil. Sentimo-nos pequenos e insignificantes, não importa de onde viemos. No entanto, é comum que um espírito nos guie pelo caminho mágico rumo à iluminação. Esse espírito pode ser um legado predestinado de nossa herança mágica, implantado na mente de uma criança, às vezes por meio de brincadeiras e frequentemente através de sonhos. Desde o nascimento, Alexander permitiu que o espírito e a consciência do Universo o guiassem em sua jornada para se tornar embaixador da Magia, um Alto Sacerdote da Bruxaria.

Por meio de seus estudos, práticas e de seu conhecimento inato da Magia, ele se tornou um farol, um líder e protetor da Arte. Hoje, ele ocupa o posto mais alto de todo o clero em uma Tradição de Bruxaria conhecida como "Tradição Cabot".

É justo dizer que sou bem familiarizada com a Arte. Fundei a Tradição Cabot com a esperança de compartilhar a sabedoria mágica dos antigos celtas, e sou uma seguidora vitalícia das escolas de mistério Hermético. Ensino Ciência Hermética integrada à Ciência Moderna para reforçar a compreensão dos princípios. Essa abordagem pragmática é a pedra angular da Tradição Cabot de Bruxaria. Meu objetivo é informar os estudantes da Arte sobre a importância da soberania individual e de trabalhar em harmonia com a Mãe Natureza, compreendendo suas energias. Eu gosto de mostrar aos alunos como a Bruxaria nos proporciona uma compreensão mais profunda da ciência de ponta e como, por sua vez, esse conhecimento nos dá uma apreciação mais profunda da Bruxaria, em vez de as duas filosofias serem mutuamente exclusivas. As Bruxas são as guardiãs deste Planeta e de todos os que nele habitam.

O Templo Hermético Cabot Kent foi o primeiro Templo de Bruxaria federalmente reconhecido em Salem, Massachusetts. Dediquei a maior parte da minha vida a criar um legado que formasse homens e mulheres para se tornarem influentes Altos Sacerdotes e Altas Sacerdotisas, e Alexander é, sem dúvida, um desses grandes homens. Ele trabalhou incansavelmente por décadas para dominar sua própria Arte e para ajudar e ensinar os outros. Agora, você tem a oportunidade de conhecer suas origens, influências e processos. Que presente maravilhoso!

Neste livro, Alexander conduz os leitores em sua jornada de aprendizado por diversas culturas e tradições. Desde o nascimento, ele foi um instrumento do Divino, quebrando uma maldição com seu primeiro suspiro. Alexander foi destinado desde o início a ser uma bênção, e seus pais puderam sentir suas habilidades inatas antes mesmo de seu nascimento. Toda a sua família era espiritual, e muitos deles eram poderosos praticantes das artes mágicas. Desde sua experiência com a Maçonaria, o Catolicismo e seus Santos, até o herbalismo mágico de sua avó, além de seus estudos e aventuras com Alquimia, Palo Mayombe, Santeria/Lucumi e muitas outras disciplinas, sua jornada é emocionante de compartilhar. Alexander continua a usar seu vasto conhecimento de Magia para honrar sua herança e expandir seu Sacerdócio com a Tradição Cabot. Enquanto viaja pelo mundo, ele ajuda a curar a Terra e todos os seres que nela habitam, além de guiar os outros a fazer o mesmo. Estamos orgulhosos de tê-lo como nosso Embaixador Cabot no Brasil, e sinto-me profundamente honrada por ser representada por alguém tão genuinamente bom em todos os lugares que ele vai.

Desfrutei de muitos momentos conversando com Alexander durante o chá e aprendendo sobre todas as suas incríveis experiências de vida. Espero que você aprecie viajar no tempo com ele tanto quanto eu. Este livro é uma leitura adorável e uma jornada encantadora que você certamente irá apreciar.

LAURIE CABOT

Reverenda e Alta Sacerdotisa

"Hora do Chá com a Tradição Cabot"
(foto de Dawn C. Dorgan)

SOBRE LAURIE CABOT

A Reverenda e Alta Sacerdotisa Laurie Cabot é autora de vários livros, incluindo *O Poder da Bruxa* e *O Livro das Sombras de Laurie Cabot*. Fundadora de sua própria Tradição e Templo, Laurie Cabot foi reconhecida como a "Bruxa Oficial de Salem", e recebeu o Prêmio Patriota do Estado de Massachusetts, em meados dos anos de 1970, entregue por Michael S. Dukakis, então Governador do Estado, por seu serviço público, especialmente pelo trabalho com crianças com necessidades especiais. Laurie foi entrevistada por renomados meios de comunicação, como a *National Geographic*, por exemplo, por suas realizações extraordinárias, incluindo uma incrível fotografia da energia azul de Júpiter capturada por ela e seus alunos. Como uma das Bruxas mais icônicas da Era Moderna, ela continua a ensinar e compartilhar sabedoria até o presente momento em que este livro é escrito, sendo amplamente amada e reverenciada entre Bruxas e não Bruxas.

Senhora de prata,
Deus dourado,
abençoem este encanto
que lhes ofereço.
Que todas as pessoas
que lerem esta obra
sejam abençoados
pela minha jornada
espiritual de sabedoria
e conhecimento por todos.
Que assim seja!

— Reverendo Alexander Cabot, A.S

Prólogo

16 DE ABRIL DE 1961

Fidel Castro e sua revolução precisavam ser detidos. Os Estados Unidos decidiram fazer exatamente isso. Aproximadamente mil e quinhentos cubanos exilados (apoiados pela Agência Central de Inteligência) invadiram Cuba pela Baía dos Porcos. Resultado: isso provaria ser uma derrota épica. A União Soviética agora tinha um controle ainda mais firme sobre Cuba. Será que alguns dos povos mágicos de Cuba escapariam da opressão?

Foi um sonho meu escrever um livro detalhando minha herança Mágicka[1]. Espero que você viaje de volta comigo e, através das minhas experiências, toque a Divina Mãe, a Deusa, que escreve tanto o meu destino quanto o seu. Ela está sempre presente. Você consegue alcançá-la?

1 Magicka com "k" vem de Aleister Crowley, que usou essa grafia para diferenciar a mágica dos truques de palco da Magia das ciências ocultas. Esse termo ainda é popular até hoje.

Todos nós compartilhamos uma herança comum, conectada pelo Espírito e pela Natureza; por isso, temos acesso a toda cultura humana. É uma honra compartilhar com você minha história espiritual pessoal, rica em conhecimento e práticas ocultas, começando com minha família biológica próxima.

Minha história começou antes de eu nascer, e é daí que vamos começar. Espero que você goste de conhecer minha amada família e mentores. Pegue minha mão enquanto o apresento à minha vida Mágicka.

Mi Padre

Salvador, meu pai, era a personificação do espírito, um protetor e salvador nato. Ele era audacioso e corajoso, disposto a fazer o que era certo para proteger sua família e seu povo.

Meu pai sempre manteve a esperança, contra todas as probabilidades, de que a tão esperada missão da Baía dos Porcos resultaria em um triunfo histórico. Sua paixão pela causa era tão grande, que ele decidiu se unir ao movimento dissidente que operava clandestinamente para derrubar a administração comunista estabelecida. Assim como muitos outros, meu pai havia sido inicialmente cegado pelo carisma de Fidel Castro. No entanto, agora estava claro que Castro havia se revelado, e seu apetite narcisista era feroz.

Castro era um praticante de Magia. Fui informado de que ele contava com um grupo de Sacerdotes e Necromantes trabalhando para ele, incluindo Santeros, Santeras, Babalaôs e Paleros. Ele optou por utilizar as artes das trevas para alcançar seus objetivos e, segundo relatos, conseguiu evitar mais de dez tentativas de assassinato e numerosos ataques mágicos de seus inimigos. Dizia-se que ele tinha muitos espíritos escravizados para garantir sua própria proteção e a de sua casa, bem como a manutenção do poder de seu governo.

Meu pai carregava a memória de Havana, seu lar antes da revolução. Sob o regime de Castro, os moradores de Havana enfrentaram condições de vida difíceis, incluindo racionamento e restrição de liberdades. Ele sabia que, junto à sua família, eles mereciam estar livres de tal tirania. A única esperança para Havana na época era a intervenção dos Estados Unidos para derrubar o governo de Castro. Essa esperança era compartilhada por muitos, incluindo meu pai. Mas para sua grande decepção, a administração do Presidente Kennedy recuou no último minuto; a Força Aérea prometida nunca se materializou, resultando na morte de muitos homens que buscavam trazer a democracia para sua terra natal.

A preocupação com a possibilidade de ser alvo, tanto entre os dissidentes no exterior quanto em Cuba, pesava sobre meu pai, e o risco de morte era real. Felizmente, essa tragédia não se concretizou. Ele conseguiu seguir com sua vida, conheceu minha mãe e, eventualmente, viveu uma existência repleta de liberdade, oportunidades e a esperança que uma república democrática oferece.

Salvador e Alida, (meu pai e mãe)
1962, Havana, Cuba.

Havana estava anteriormente sob uma "Ditabranda", uma palavra coloquial que significa "ditadura branda". Isso foi devido aos esforços de Fulgencio Batista, um oficial militar e político cubano que serviu como presidente eleito de Cuba de 1940 a 1944, mas que mais tarde forçou seu retorno ao poder. Ao longo de sua pseudo "ditadura", alguns diriam que ele era apoiado pelos Estados Unidos e suas forças armadas. Posteriormente, ele elevou o país ao reconhecimento global como uma mistura de paraíso e corrupção. Batista governou por dois mandatos, foi ele quem abriu Havana para ser mais do que era na época: a "Paris do Caribe", assim chamada por sua bela arquitetura, cenário artístico vibrante e vida noturna florescente. No entanto, isso estava longe de ser perfeito. Esse novo governo, como os de tantos outros países, falhou em abordar as necessidades dos pobres e os problemas de alfabetização enfrentados por muitas pessoas. Apesar de todas as suas falhas corruptas, a ditadura de Batista conseguiu dar algum impulso à infraestrutura de Cuba e fomentar um crescimento econômico significativo.

Mi Madre

D. Alida, minha mãe, sofria de poliomielite. Ela nasceu em uma família numerosa, sendo uma entre 13 irmãos. Sua família era tudo o que conhecia e ela nunca poderia imaginar que um dia seria obrigada a deixá-la para recomeçar em um país diferente. No início dos anos 1960, Alida se apaixonou por meu pai. A família dele era diferente da dela, pois era culta e refinada. Minha mãe era uma forasteira, filha de um fazendeiro com educação apenas até a quarta série, não familiarizada com os modos de uma classe social mais elevada. No entanto, por um tempo a família de meu pai

Alida, 1962, Havana, Cuba

a olhou além disso. Ela foi elogiada por sua beleza (um reflexo da Deusa interior e exterior). Ficou decidido que Alida teria um casamento oficial, o que era um grande acontecimento, algo que alguns membros da família de Salvador desaprovavam fortemente[2].

Aconteceu que a beleza da minha mãe e o prestígio do casamento despertaram inveja e maldade. Uma pessoa da família de meu pai desenvolveu um profundo ressentimento em relação a Alida. Esse ressentimento cresceu a ponto de ela sentir a necessidade de tomar providências para afastar minha mãe. Essa parente contratou um Palero (um necromante/sacerdote da religião Palo, uma religião sincrética formada pelos escravos do Congo que se estabeleceram em Cuba) que amaldiçoou minha mãe com um espírito demente. Esse espírito fez com que Alida se tornasse reclusa e deprimida. Isso foi feito sem o conhecimento de ninguém, exceto do Palero e da parente maldosa.

Pouco tempo depois, minha mãe sofreu seu primeiro aborto espontâneo, que teria sido minha irmã mais velha hoje. Muito mais tarde, essa alma se manifestaria em uma sessão espírita (missa espiritual). Durante a sessão, o espírito da minha irmã relatou o malévolo plano da parente e contou como, se não fosse pelo trabalho maligno do necromante, ela teria nascido e prosperado no mundo dos vivos. As palavras da minha falecida irmã foram posteriormente confirmadas pela minha avó, que forneceu os detalhes históricos.

Após o devastador aborto espontâneo, minha mãe sofreu uma depressão severa. Eventualmente, meu pai conseguiu ajudá-la a aliviar sua ansiedade. Meses depois, sob uma velha lua (minguante) em Havana, eu nasci com

2 Embora privilegiada, os recursos da família de meu pai foram grandemente reduzidos pelo regime comunista dos anos 1960, então grandes despesas eram frequentemente uma fonte de fricção e contenda.

Ação de Graças, 24 de novembro de 2016

a capacidade de neutralizar a energia do espírito demente. (Desde então, percebi, dentro deste plano de existência, que possuo o poder natural de mediunidade espiritual e exorcismo).

A intenção maligna da parente de se livrar da minha mãe foi assim derrotada, contrabalançada pelo contínuo amor e devoção do meu pai à minha mãe e pela Deusa que concedeu a ela um filho dotado do poder de exorcismo desde o nascimento. Não há poder no Universo mais forte do que o Amor.

Êxodo

Minha mãe, como muitos que sobreviveram à tirania da ditadura de Castro, desenvolveu um tipo de Transtorno de Estresse Pós-Traumático (TEPT). Assim como veteranos de guerra, ela frequentemente revivia os eventos traumáticos que haviam contribuído para o desenvolvimento desse transtorno, mesmo muitos anos depois.

Foi no Dia de Ação de Graças, em 24 de novembro de 2016, que minha mãe finalmente compartilhou a história completa do êxodo de nossa família de Cuba para os Estados Unidos. Curiosamente, sem que soubéssemos na época, Castro faleceu no dia seguinte. Acredito que ela sentiu o peso da poderosa energia psíquica de Castro se dissipando, o que lhe deu a coragem para revelar os detalhes de nossa saída de Cuba enquanto ele estava morrendo.

A História de Alida

Todos sabiam que a milícia viria para fazer um inventário das casas, incluindo todos os pertences, caso alguém decidisse participar do êxodo. Era permitido levar apenas uma mala, o anel de casamento, algumas roupas e os documentos pessoais. (Antes do inventário, muitas pessoas que estavam evacuando Cuba doavam seus pertences, como liquidificadores e outros pequenos itens, para familiares que ficavam para trás. A milícia focava apenas em itens essenciais, como móveis e eletrodomésticos, quando as pessoas partiam).

Com tristeza, minha mãe contou que, no dia do nosso êxodo, meu pai foi forçado a ficar para trás. Na época, ele tinha 28 anos e era obrigatório que servisse na milícia. (Castro havia declarado que qualquer pessoa que não apoiasse a revolução poderia sair, no entanto, após o aumento excessivo do número de pessoas saindo, ele decidiu interromper o êxodo, em 1971).

Meu pai me segurou, um bebê de 16 meses, nos braços. Então a milícia me arrancou dele para me entregar à minha mãe. Eu chorava pelo meu pai. A partir de então, caberia exclusivamente à minha mãe cuidar de mim.

Fomos escoltados até um carro, que também deveria transportar meus avós, mas eles foram forçados a usar outro veículo. Os espectadores gritavam: "Gusano!" (Isso se traduz como "vermes"). "Vermes! Vermes! Saiam, seus antirrevolucionários!", diziam enquanto jogavam ovos e pedras em nossa direção.

Minha mãe e eu fomos levados para um campo de concentração, onde não podíamos nos comunicar com meus avós. Durante a noite, mamãe fazia o possível para me consolar. Eu chorava desesperadamente por causa dos tiros que ecoavam de tempos em tempos, sem entender o que significavam aqueles estrondos assustadores. Por sorte, eu não fazia ideia de que um pelotão de fuzilamento estava executando dissidentes nas primeiras horas da manhã. No entanto, talvez, mesmo naquela idade, eu já sentisse o horror daqueles assassinatos em massa.

Havia duas companhias aéreas usadas para escoltar os evacuados de Cuba para os Estados Unidos continental e Porto Rico: a Pan Am e a Cubana. Na noite após nossa estadia no campo de concentração, minha mãe e eu embarcamos em um voo da Pan Am com destino a Miami, o ponto de *check-in* para aqueles como nós. (Enquanto isso, meus avós tiveram sua viagem atrasada em um dia, e minha tia e prima foram deliberadamente enviadas para Madri, na Espanha. O regime de Castro estava ocupado separando famílias, assim como os nazistas fizeram com muitos judeus. Nós éramos, como alguns nos chamariam, os "Judeus do Caribe".

Do aeroporto de Miami, fomos encaminhados para a Freedom Tower, um histórico edifício colonial atualmente sob a administração da Cuban American National Foundation. Esse centro servia como o ponto de registro e passagem obrigatória para os refugiados que chegavam aos Estados Unidos.

Minha mãe e eu fomos patrocinados por meu avô, que morava no Queens, Nova York. Após nossa breve estadia em Miami, onde recebemos uma pequena quantia em dinheiro, viajamos para o Queens para ficar com meu avô. Chegamos a Nova York despreparados para o clima, pois estava nevando e eu estava de shorts. Eu estava congelando. Uma gentil comissária de bordo deu à minha mãe um cobertor da Pan Am para me cobrir, e eu ainda tenho essa coberta até hoje. Era a primeira vez que minha mãe e eu víamos neve!

Depois de alguns meses no Queens, fomos informados sobre a disponibilidade de empregos nas proximidades, em uma próspera comunidade cubano-americana. Semelhante à "Pequena Havana" de Miami, essa área ficou conhecida como "a Havana às Margens do Hudson". Era o segundo grande centro cubano dessa imigração, localizado bem em frente ao rio de Manhattan. Havia cidades adjacentes, como Union City e West New York, onde vivia a maior parte dos imigrantes cubanos. Essa área do Condado de Hudson era composta principalmente por italianos, com uma minoria de trabalhadores irlandeses e alemães. Com a chegada dos imigrantes cubanos na década de 1960, existia muita fricção. O comportamento racista e xenófobo, as condições econômicas deprimidas e as lutas que as pessoas enfrentavam em suas vidas diárias criavam um ambiente um tanto hostil. Tivemos que nos unir para garantir nossa segurança e, apesar das diferenças de idioma e cultura, nós nos transformamos em uma comunidade coesa. Sempre fomos um povo muito trabalhador, conhecido por ser produtivo e, muitas vezes, bem-sucedido. Em pouco tempo, havia muitos negócios cubanos de propriedade local. A Bergenline Avenue, que se estende por uma grande área no North Hudson County, prosperou especialmente com a atividade comercial cubana.

Primeira Infância

Cresci com a mentalidade de pensadores livres devido à minha linhagem de homens; meus avôs, pai e tios eram maçons. Minha mãe era uma Filha da Ordem da Estrela do Oriente, uma organização maçônica criada por Rob Morris, em 1850. Ao contrário dos Maçons Livres e Aceitos, a Ordem da Estrela do Oriente é aberta tanto para mulheres quanto para homens, embora seja composta principalmente por mulheres.

Em casa, a presença da divindade feminina era marcante, especialmente pela devoção da minha mãe a Santa Bárbara, a única santa que ela venerava. Santa Bárbara, uma mártir grega, é comemorada anualmente no dia 4 de dezembro. Ela também faz parte dos "Quatorze Auxiliadores Sagrados", santos auxiliares honrados no dia 8 de agosto por seus incríveis poderes de intercessão, especialmente no combate a doenças. Santa Bárbara é frequentemente representada com uma torre e correntes. Minha mãe mantinha um altar em casa dedicado a ela, onde exibia uma maçã, uma rosa e uma vela, todas vermelhas. Em nossa casa, Santa Bárbara simbolizava as energias divinas femininas e masculinas. (Recordo-me de, na minha juventude, rezar para Santa Bárbara para ter sucesso nas provas). Santa Bárbara foi sincretizada com Xangô, um Orixá masculino com atributos semelhantes. Ambos estão associados às cores vermelha e branca, assim como às tempestades elétricas.

Enquanto Santa Bárbara era a Divindade Feminina venerada por minha mãe em casa, eu me sentia mais atraído pela *La Milagrosa*, a Virgem Maria, devido à minha criação católica. Para mim, ela representava uma conexão pessoal com a Mãe Terra. Muitas vezes, eu invocava a Virgem Maria para abençoar a Terra e a humanidade. Esse carinho pela *La Milagrosa* acabou me levando a explorar outras representações da Deusa em diversas Tradições.

Minhas habilidades psíquicas me permitiam ver espíritos entre esta realidade e a próxima. Não tenho dúvida de que ter crescido em uma família de maçons me ajudou a descobrir mais dos meus dons espirituais. Minha mãe sempre foi uma psíquica natural, com premonições precisas que anteviam acontecimentos futuros. Ela também tem o dom de enxergar além do véu, no mundo espiritual. Desde cedo, testemunhei essas habilidades. Mesmo quando estava doente, sua visão permanecia clara.

Os Excepcionais Dons Psíquicos de Alida

Em 2008, minha mãe foi diagnosticada com gamopatia monoclonal, uma rara doença do sangue que compromete a produção de células vermelhas e, consequentemente, enfraquece a resposta imunológica do corpo. Na época, ela pesava apenas 44 quilos, e eu temia perdê-la. Durante esse período difícil, ela se mudou para um apartamento com uma vista panorâmica de Manhattan. Certo dia, enquanto ajudávamos minha mãe a lavar o cabelo, Virgínia, uma colega minha, notou que faltava um secador. Estávamos conversando sobre isso quando, de repente, minha mãe pediu que eu traduzisse para Virgínia o que ela estava prestes a revelar. Minha mãe disse que, mais cedo, uma senhora havia entrado pelas portas do terraço do quarto dela. Eu respondi: "Do que a senhora está falando, mãe?" Ela disse que essa mulher tinha altura média, era corpulenta, tinha cabelos grisalhos e usava óculos. Eu disse: "Mãe, isso simplesmente não é possível. Ninguém pode entrar por aquelas portas do terraço. Estamos no décimo sexto andar". Minha mãe não se deixou abalar pela minha lógica. Em vez disso, continuou sua história, afirmando que a mulher no terraço lhe havia dito que ela ficaria melhor e que essa doença era algo que precisava acontecer naquele momento de sua vida. (Isso se provou verdadeiro, pois, mais tarde, minha mãe entrou em remissão.)

Apesar de sua visão otimista, naquele momento eu via com tristeza a depressão em minha amada mãe e os danos que as infecções haviam causado em seu corpo. Sua aura parecia extremamente frágil, e para mim, ela estava quase desaparecendo. Meu coração doía; eu estava profundamente apreensivo de que ela pudesse me deixar tão cedo. Sua história sobre a mulher no terraço parecia distante, e eu não conseguia levar suas palavras a sério. Então, honrei o desejo da minha mãe de traduzir esse encontro sobrenatural para Virgínia.

Minha amiga não tinha certeza do que pensar sobre a história, então apenas seguimos com o que precisava ser feito. Preparamos o jantar para minha mãe e lavamos seu cabelo. Depois, Virgínia decidiu ir ao apartamento ao lado para pedir emprestado um secador de cabelo. Ela explicou à vizinha um pouco do que estava acontecendo com Alida e pediu o secador para evitar que ela piorasse com o frio do cabelo molhado. A vizinha concordou em emprestar o secador. Mas o que ela revelou a seguir foi verdadeiramente extraordinário. A vizinha disse a Virgínia: "Espero que ela fique bem." Em seguida, contou: "A antiga inquilina do apartamento ao lado faleceu no terraço. Ela sofreu um derrame, e os socorristas precisaram atravessar meu terraço para alcançar o dela e remover o corpo." Chocada com essa revelação, especialmente em relação ao que Alida havia mencionado mais cedo, Virgínia pediu uma descrição daquela inquilina. A vizinha respondeu: "Ela tinha cabelos grisalhos, usava óculos, tinha a pele escura, era de estatura média e estava um pouco acima do peso." Ao ouvir isso, Virgínia sentiu um arrepio.

Eu estava cuidando da minha mãe, oferecendo-lhe um pouco da comida que havíamos preparado, quando Virgínia entrou, visivelmente nervosa, dizendo que precisava me contar algo. Fiquei impressionado com o que ela revelou sobre a conversa com a vizinha. Apesar da gravidade da doença, minha mãe realmente havia se deparado com um espírito que lhe assegurou que ela melhoraria. E, de fato, ela melhorou! Atualmente, ela está em remissão há mais de dez anos.

Além de herdar alguns dos dons naturais da minha mãe, também aprendi magias valiosas com minha avó. Cresci absorvendo o conhecimento de herbalismo que ela me transmitiu. Eu diria que ela era como uma "Bruxa herbalista". Ela costumava dizer: *La Brujería está en la mente,* que significa "a Bruxaria reside na mente". Outra de suas máximas era que tudo está na intenção, alinhando-se com a antiga filosofia hermética. Minha avó também tinha um provérbio famoso: *Mejor que tú la tierra que pisas y después te entierran,* traduzido como: "Melhor que você é a terra que você pisa; e depois você é enterrado nela." A humildade, como aprendi desde cedo, é um marco da maturidade na Bruxaria.

Algumas de minhas primeiras experiências paranormais

Quando criança, eu tinha visões aos pés da minha cama. Sempre havia alguém que vinha me visitar do mundo espiritual. Quando isso acontecia, eu gritava: "Mamãe, mamãe! Monstro, monstro!" Minha mãe me consolava, segurando-me e insistindo que não havia ninguém lá. No entanto, eu via manifestações e tinha revelações que, por vezes, coincidiam com as premonições dela. Eu sabia que essas experiências não eram apenas "imaginação".

Na infância, eu morava perto de um cemitério, o que influenciou minhas experiências paranormais. Na quinta série, ir à escola se tornou um desafio. Eu passava por episódios em que minhas mãos ficavam dormentes, meus ouvidos entupiam e a voz do professor parecia distante.

Então, eu ouvia uma gargalhada, seguida por uma tentativa de comunicação; o som lembrava uma velha gravação em câmera lenta. Mais tarde, percebi que o espírito não conseguia se comunicar corretamente comigo porque estava tentando na frequência errada. Eu era como uma esponja, absorvia as energias negativas sempre que as encontrava. Imaturo demais para processar o que estava acontecendo, eu não sabia que precisava me purificar quando tais ocorrências aconteciam.

Durante esses episódios, eu tentava me recompor, sem contar para ninguém, nem mesmo para minha mãe. Um dia, porém, senti-me à vontade para compartilhar minhas experiências com minha avó. Ela disse que eu estava possuído e me purificou da melhor maneira que pôde. Enquanto eu ouvia os sons, ela me deitou, colocou as mãos sobre mim e chamou nossos antepassados para me purificar, recitando uma velha novena. Depois, ela previu que eu buscaria meu próprio caminho de purificação mais tarde na vida. E, de fato, com o tempo, encontrei minhas próprias soluções permanentes.

Eu experimentava muita atividade espiritual em casa regularmente, onde também realizávamos sessões espíritas em ocasiões especiais. Em uma dessas ocasiões, um grupo de pessoas estava presente, e eu, ainda um menino pequeno, recordo-me de que a porta estava entreaberta. Ouvi três batidas na porta em resposta, meu avô disse: "Se você vem para o bem, entre. Se for para o mal, fique longe." Então, a porta se abriu, e não havia ninguém visível do outro lado!

Lembro-me de, certa vez, ter tido uma experiência profunda relacionada à Bruxaria quando criança, no *Halloween*. Eu estava pedindo "doces ou travessuras" na avenida principal com minha mãe, que empurrava minha prima de um ano no carrinho. Se bem me lembro, eu usava uma máscara lendária da Woolworth's, que dificultava minha visão. Sem perceber que a porta do porão no chão estava aberta, eu caí! Durante a queda, tive uma experiência espiritual. Perdi a consciência por um breve momento e me encontrei debaixo de um salgueiro, brincando com uma bola amarela. Era um ambiente pacífico e celestial; eu sentia uma calma que me fez acreditar que a árvore era algum tipo de portal. Também ouvi vozes ao longe, parecendo vir de trás da árvore, o que despertou minha curiosidade. Toda essa experiência aconteceu em um ou dois segundos, enquanto eu rolava escada abaixo. Quando voltei a mim, um dos trabalhadores próximos me pegou, interrompendo minha queda. Fui imediatamente devolvido à minha mãe e, para minha surpresa, não tinha sequer um hematoma no corpo.

Como adulto, compreendi que o salgueiro sempre foi associado à árvore dos sonhos e do encantamento. Também é conhecido como a árvore da imortalidade, devido à sua capacidade de se regenerar a partir de um galho caído em solo úmido. Na lenda celta, está associado a poetas e feitiços de fascinação. Sua energia especial nos conecta com nossas emoções e sentimentos mais profundos. Nossa mente subconsciente, associada à nossa alma, comunica-se conosco através dos nossos sonhos. Ter uma varinha de salgueiro e dormir com ela intensifica esses sonhos, tornando-os mais vívidos e significativos. Além disso, o salgueiro é a fonte de um dos medicamentos mais comuns, o *ácido acetilsalicílico*, popularmente conhecido como "aspirina". Infusões da casca são usadas há muito tempo para tratar resfriados, reumatismo e febres.

O salgueiro é valorizado tanto por suas propriedades medicinais quanto por sua aplicação na Magia Lunar. Durante a lua nova, ele é utilizado para atrair ou fortalecer o amor, curar e superar a tristeza. Sua energia estimula a criatividade e ele é empregado por Bruxas na confecção de vassouras e outras ferramentas rituais. Considerado sagrado por muitos, o salgueiro é também uma poderosa árvore dos desejos. Utilizar um ramo de salgueiro ao enfrentar a morte de um ente querido pode ajudar a proporcionar calma e conforto. Coloque um ramo de salgueiro em seu altar durante a lua cheia para adivinhação ou proteção contra visitantes com energias indesejadas que possam lhe fazer mal. Além disso, percebi que essa árvore mágica facilita nossa transição para o País do Verão, o que pode explicar a experiência que tive com o salgueiro no Samhain. Essa conexão pode elucidar a experiência fora do corpo e as vozes que ouvi vindo de trás da árvore em minha visão.

Capítulo Um

Maçonaria

A Maçonaria é "velada em alegoria e ilustrada por símbolos", porque estas são as maneiras mais seguras pelas quais as verdades morais e éticas podem ser ensinadas. Não é apenas com o cérebro e com a mente que o Iniciado deve compreender a Maçonaria, mas também com o coração.

– C. H. Claudy

Entrei pela primeira vez pelas portas da loja maçônica em tenra idade, conduzido pela mão de minha mãe. Mesmo sendo jovem, eu podia sentir que a Maçonaria era uma ordem mágica.

A Maçonaria, como a conhecemos hoje, descende de uma Tradição anterior aos Cavaleiros Templários, uma ordem de homens ricos e bem-armados, dotados de conhecimento arquitetônico e uma insaciável sede de aprender mais sobre o Templo de Salomão e o paradeiro da Arca da Aliança, em sua secreta busca pelo "Graal". Pouco depois de sua fundação, a Ordem dos Cavaleiros Templários foi sancionada pela Igreja Católica como uma Ordem Sagrada Oficial. No entanto, com o tempo, o plano dos Templários de recuperar a Arca da Aliança foi provavelmente descoberto, levando a Igreja a reverter rapidamente seu apoio. Em resposta, foi lançada uma grande operação para prender, interrogar e até eliminar os Templários, além de confiscar seus bens. A Ordem parecia estar praticamente extinta. Entretanto, os membros sobreviventes se disfarçaram e, em alguns casos, formaram novas organizações. Muitos desses indivíduos ficaram conhecidos como "Maçons".

Em Portugal, a Ordem de Cristo surgiu como uma das sucessoras dos Templários. Embora houvesse muitas dessas ordens ao redor do mundo, foi no que hoje é o Reino Unido que a ordem moderna dos Maçons Livres e Aceitos teve início sob esse nome. A Ordem Secreta é conhecida por ter se espalhado da Europa para o Caribe e as Américas durante a Era das Explorações no período Renascentista, e há também evidências de que os Templários anteriores se espalharam globalmente muito antes desse período, para o Egito e até para a Etiópia e o continente Norte-Americano.

Os Templários acumularam uma vasta quantidade de conhecimento esotérico através de suas explorações, sob diversas bandeiras ao longo da história. Seus ritos eram profundamente imbuídos de simbolismo significativo e carregados com poderosa energia espiritual. A Magia estava presente em tudo: nos símbolos, nas pessoas, nos uniformes, nos rituais. Estava até mesmo no ar. Eu podia sentir a antiga história, o fervor espiritual e o poder bruto da ordem. Para mim, não havia dúvida — a energia mágica era realmente palpável!

Devido ao trágico fim que tantos Templários enfrentaram nas mãos da Igreja Católica, que foi provavelmente a organização mais influente da história do mundo, é fácil compreender que, desde seus primeiros tempos, a Ordem se tornou uma Sociedade Secreta. As senhas e ritos secretos dos Maçons, os apertos de mão e frases secretas, bem como o processo de introdução de novos membros — que envolvia a avaliação e o patrocínio por membros existentes — contribuíam para a segurança necessária e para evitar outra tragédia que pudesse ameaçar sua existência. Os Maçons (ou seus predecessores, os Templários) foram responsáveis por construir ou fornecer os planos para as catedrais mais impressionantes do mundo, que ainda permanecem em pé nos dias de hoje. Felizmente, embora a Igreja Católica ainda desestimule fortemente seus seguidores a se tornarem Maçons, a ameaça de extermínio é muito menor nos dias modernos, e os Maçons Livres e Aceitos são muito mais abertos atualmente. Se você suspeitar que alguém é Maçom, basta perguntar, e a pessoa responderá honestamente. Para se tornar um Maçom, é necessário perguntar a um membro atual sobre o processo para se juntar, e assim a jornada em direção à "luz" começará.

As guildas da área do Reino Unido se reuniam em lojas na Escócia e na Inglaterra, mas alguns dos registros mais antigos indicam Edimburgo, na Escócia, durante os anos 1500, como o possível local e período de nascimento daquilo que podemos chamar de "Maçonaria Moderna". Embora essa questão seja debatida, ainda são encontradas pelo menos algumas lojas antigas nessas regiões.

À medida que a Maçonaria se desenvolveu, seus membros incorporaram conhecimentos de geometria sagrada e alquimia em suas ferramentas e símbolos de arquitetura, referindo-se a Deus como o "Grande Arquiteto do Universo". Expressões como "no nível" e "justo e correto" têm suas origens na Maçonaria. Embora muitos escritos sagrados, como a Bíblia, sejam usados para guiar a fé, o único requisito religioso para novos membros em muitas lojas é a crença em um Deus único e na Criação.

Toda a jornada de um Maçom começa em um estado de escuridão. É tarefa do Iniciado trilhar um caminho em direção à luz. À medida que avançam nas novas Iniciações, busca-se "mais Luz" do Oriente. A Iniciação é um teste, um trabalho a ser realizado e um rito de passagem. Existem três graus no sistema de progressão: Aprendiz Maçom; Companheiro (também chamado de "Artesão" ou "Maçom"); e Mestre Maçom. O grau de "Mestre" é o mais alto e, embora haja graus adicionais de especialidade, eles são suplementares, não superiores, pois não há mais nenhum grau acima desse. "O Mestre Maçom é então investido com diferentes cargos a cada ano, desempenhando diferentes partes do ritual até se tornar o Venerável Mestre de sua loja. Ele se sentará na 'Cadeira' e dirigirá e governará sua loja pelo ano seguinte, após o qual se tornará um Venerável Irmão e terá uma regalia distintamente desenhada". (Cortesia de Christopher White, um Mestre Maçom do Norte da Inglaterra). Existem organizações derivadas e fraternidades alternativas de origem similar que possuem outros graus variados, como o famoso 33º Grau do Rito Escocês; no entanto, apenas os três níveis mencionados são significativos para os verdadeiros Maçons.

Em sua essência, a Maçonaria representa a fraternidade e a manutenção da moralidade, a construção da civilização com princípios civis e a emulação de Deus, o Grande Arquiteto. E este é o juramento que todos os Maçons fizeram, de acordo com algumas fontes:

> *"Estes pontos eu juro solenemente observar sob pena não menor do que ter minha garganta cortada, minha língua arrancada pela raiz e enterrada na marca da maré baixa, onde a maré sobe e desce."*

Houve muitos membros influentes desta sociedade em todo o mundo. Eles ajudaram a construir países e edifícios. É dito que muitos presidentes dos Estados Unidos fizeram esse juramento, incluindo (mas não se limitando) a George Washington, Andrew Jackson, Franklin D. Roosevelt e Harry S. Truman.

O renomado ourives, gravurista e industrial americano, Paul Revere, era o Venerável Mestre (chefe da loja) em Boston durante o icônico evento do *Boston Tea Party* (a Festa do Chá de Boston). Outros Maçons conhecidos incluem John Hancock e Benjamin Franklin, ambos signatários da Declaração de Independência dos Estados Unidos. Na verdade, os princípios de Liberdade e Igualdade para todos, sob um Criador, presentes na Declaração, refletiam os ideais da Maçonaria. É verdade que os Maçons são considerados os guardiões da democracia e uma espinha dorsal da história americana. Um exame superficial de sua história revela que eles estiveram presentes e atuantes na fundação de muitos outros países também.

A Maçonaria foi inicialmente introduzida em Cuba em condições "trágicas", devido à "Revolução Negra no Haiti", por volta de 1793 a 1810. A Grande Loja da Pensilvânia foi estabelecida em Havana, em 17 de dezembro de 1804 (Le Temple des Vertus Theogales, número 103), com Joseph Cerneau como primeiro Mestre. Três lojas originalmente constituídas no Haiti foram reorganizadas em Santiago de Cuba, em 1805-1806. "A Maçonaria tem sido uma força ativa no crescimento da democracia em Cuba... A Guerra dos Dez Anos (1868-1878) foi inspirada e travada por patriotas – muitos dos quais eram Maçons – que ajudaram a moldar a Constituição de Guaimaro (1869), um documento genuinamente democrático."

O símbolo da Maçonaria no topo da Grande Loja de Havana, Cuba

A história das Lojas Maçônicas em Cuba foi tumultuada, conforme relatado em *A History of Freemasonry* in Cuba, um discurso publicado em 1968 e escrito por Warren H. Murphy, P.M., ex-Mestre da Maritime Lodge (nº 239). Com lojas fechando (devido à inatividade) e se reorganizando de tempos em tempos, além de vários problemas com estabelecimentos, a Maçonaria se tornou uma parte fundamental da sociedade cubana. Isso certamente teve um efeito profundo nos homens da minha linhagem, que há muito tempo faziam parte dessa "força ativa no crescimento da democracia". Em 2010, foi relatado que a ilha [Cuba] tinha 316 Lojas Maçônicas e mais de 29.000 membros ativos[3]. Quando Castro assumiu o poder, em 1959, os Maçons oficiais fecharam suas Lojas e se mudaram para a Flórida. Em seguida, Fidel confiscou todas as Lojas Maçônicas em Cuba, incluindo seus registros e propriedades, assumindo o controle de suas atividades. Inicialmente, ele conseguiu o apoio de uma Loja na Flórida para se tornar o novo Mestre dos Maçons em Cuba. Um ano depois, ao negar as liberdades e direitos de seus "irmãos", a Loja na Flórida cortou oficialmente todos os laços com ele. A partir de então, os verdadeiros Maçons remanescentes em Cuba passaram a se reunir em segredo. Aqueles que permaneceram na ilha tiveram que portar credenciais especiais que comprovassem que eram "verdadeiros" Maçons, diferenciando-se da versão Maçônica criada pelo regime de Castro.

Avançando para os anos 1970, meus pais, Alida e Salvador, escolheram uma Loja Maçônica local em West New York, Nova Jersey, que era conveniente para nossa família frequentar. Eu sentia a energia que emanava das portas do grande salão. Tenho muitas memórias de estar envolvido com os adultos em eventos comemorativos realizados naquela sala. Eu ficava maravilhado com a sensação solene de segredo que vibrava nas paredes e se espalhava pelo ar. (Embora nenhuma das cerimônias privadas tenha sido mostrada para mim naquela tenra idade, eu ainda podia sentir a poderosa energia que elas emanavam.)

---

3 Extraída da Web em 28 de Março de 2021 de: https://www.exutopia.com/fidel-castro-the-curious-case-of-freemasonry-in-cuba

Ismael De La Rue, meu bisavô,
Havana, Cuba 1914

Quando criança, eu ficava entusiasmado ao visitar a Loja para brincar com meus amigos. Havia uma sala designada para as crianças, que era supervisionada por uma jovem bonita. Podíamos desfrutar de momentos maravilhosos de brincadeira, cheios de fantasia e encantamento, enquanto nossos pais se ocupavam com seus assuntos em privado. Eu ficava encantado com as muitas amizades que fiz dentro daquelas paredes e com as experiências físicas e espirituais ocasionais que vivenciei.

Fiquei profundamente comovido com a notável transformação de minha mãe durante esse período. Influenciada por meu pai, ela foi iniciada na Ordem da Estrela do Oriente. Após a iniciação, sua aura passou a brilhar com uma intensidade renovada, e uma presença de poder que antes não demonstrava tornou-se evidente. Foi emocionante vê-la assim. Mais tarde, senti uma profunda paz ao observar meus pais ainda mais unidos por seu envolvimento nas ordens secretas durante suas reflexões silenciosas.

Durante meus momentos de introspecção, eu refletia sobre os legados espirituais dos homens da minha família. Além da Ordem Maçônica, eu sabia que meu bisavô, Ismael de la Rue, era um alquimista e ocultista. Ele era um modelo de grande influência para mim.

Um dos símbolos que meu coração passou a reverenciar foi o Pentagrama. A primeira vez que o notei foi no Templo Maçônico, e não em um cenário de Bruxaria. Mais tarde, também o vi em casa. Na Maçonaria, o Pentagrama é um símbolo carregado de significados secretos, que os iniciados vão aprendendo ao longo do tempo. No entanto, dois significados do Pentagrama foram revelados ao público. Um é que ele representa os elementos. O outro é que ele é a "Estrela Flamejante", referindo-se à estrela Sírius. O Pentagrama, em suas formas vertical e invertida, é utilizado durante as cerimônias Maçônicas.

Outro símbolo que me fascinava era o "Olho da Providência", frequentemente retratado na Maçonaria dentro de um triângulo ou em forma piramidal. Um dia, durante uma conversa casual com um dos anciãos, fui informado de que o Olho da Providência diz respeito ao Todo (Fonte de Energia dentro do Todo).

Quando criança, com uma habilidade natural para visuais estéticos, eu conhecia e apreciava o senso de moda de muitas pessoas que entravam na Loja vestidas com esmero. Minha mãe estava entre essas pessoas, sempre se vestindo com uma graça e elegância notáveis, com seu lenço sofisticado e paletó em perfeito alinhamento com o estilo da época. Vestir-se com roupas específicas era importante ao realizar trabalhos mágicos no Templo.

Eu sentia que a Deusa Mãe me guiava para o Caminho da Velha Religião com base nas minhas experiências de infância na Maçonaria. Quando visitava meus amigos na Loja, sentia que, com a ajuda da Deusa Mãe, conseguia recarregar e alinhar minhas energias místicas. Era uma sensação profunda que, na época, eu não conseguia explicar em palavras.

Era fácil compreender que meus pais não seguiam o caminho cristão tradicional e aceito. Minha família vinha de uma longa linha de pensadores livres. Eu frequentemente refletia sobre isso enquanto era levado à escola dominical e à missa de domingo, como parecia ser comum para todo jovem menino católico cubano-americano.

Certamente foi um desafio, na minha juventude, equilibrar a estrutura dogmática do catolicismo com os legados místicos e ocultistas de minha família. Eu sentia que minha mente captava frequências mais elevadas do que a de meus colegas estritamente católicos. Talvez fosse uma consciência de frequência mais alta, uma consciência superior, que me permitia processar psiquicamente o reino espiritual que estava além dos limites do catolicismo. Essa habilidade perceptiva foi fundamental para meu desenvolvimento como pessoa.

Capítulo Dois

Ocultismo Renascentista

Melhor que tu é a Terra que pisas e depois te enterram.

– Minha Avó, Gloria Batistapau

A Idade Média foi marcada pelo poder da Igreja Católica. No entanto, no seio da religião, havia aqueles que praticavam o Misticismo Cristão. Isso era tolerado pela Igreja, porque certos santos eram conhecidos como místicos (incluindo São Columba, famoso por ter dito: "Jesus é meu Druida"), e porque alguns (provavelmente muitos) de seus Cardeais eram praticantes de Rituais de Alta Magia. Foi graças aos monges católicos que o misticismo sobreviveu no Cristianismo Celta. Muitos dos convertidos Pagãos (incluindo os Druidas) ao catolicismo continuaram praticando sua Magia através

Meus Avós, Union City,
Nova Jersey, 1975

do "novo" misticismo católico. (Em vez de histórias de ninar, meus avós me contavam histórias sobre o misticismo no Cristianismo. Era fascinante! Eu era jovem o suficiente para absorver e analisar isso sem bloqueios mentais.)

Mais tarde, durante a Idade das Trevas, qualquer prática mística (mágica/oculta) foi declarada maligna pela Igreja. As artes mágicas, por sua natureza clerical, foram condenadas, e até mesmo o conhecimento e o aprendizado, a leitura e as ciências básicas foram desencorajados para o povo comum nesses tempos sombrios. A Igreja alimentava o povo com a visão religiosa que desejava, consolidando-se ainda mais como o único canal para a vontade de Deus e a porta-voz do Divino, cimentando seu poder sobre os fiéis. Heresia era qualquer coisa que não viesse deles ou não concordasse com suas doutrinas, e era punível com a morte. Muitas pessoas (praticantes de Magia e não mágicos) foram perseguidas e mortas por praticarem "as artes das trevas". Isso continua, em alguma medida, em muitas partes do mundo, especialmente em algumas regiões do continente africano. Praticantes de Magia foram (e às vezes ainda são) forçados a se esconder para salvar a si mesmos e a seus entes queridos de danos. À minha maneira, mesmo aqui na "terra dos livres", em nossa Era Moderna, às vezes eu sentia que precisava esconder meu lado mágico devido aos julgamentos da sociedade. Fui instruído a manter uma discrição cuidadosa, a manter minha Magia "oculta", "escondida" ou "nas sombras". Basta um fanático mal orientado para acabar com uma vida.

No entanto, a intensa perseguição europeia diminuiu consideravelmente com o surgimento da Renascença, palavra que se traduz como "novo nascimento" ou "renascimento". (Para mim, a Renascença carrega um significado profundo, representando empoderamento e alquimia espiritual; a transmutação do espírito; além de iniciação, crescimento e as mudanças essenciais.). Houve um grande renascimento, uma transformação na vida das pessoas. Foi uma época em que as ciências (e não a religião) passaram a ser proeminentes na cultura da Itália, o berço do período da Renascença. As disciplinas científicas que prosperaram naquela época foram principalmente a astronomia, a física e a matemática.

Para nossos propósitos, vamos considerar as ciências ocultas da Renascença, que derivaram principalmente dos antigos ensinamentos herméticos de Hermes Trismegisto, conforme descrito no *Corpus Hermeticum* ou "Corpo Hermético". O mais proeminente e influente dos ditados herméticos é "Assim em cima, como embaixo". Esse é um princípio fundamental da Magia e um alicerce comum a qualquer sistema envolvido.

Um dos cientistas mais poderosos e influentes da Renascença foi Sir Isaac Newton. As escolas hoje ensinam que ele descobriu os princípios científicos da gravidade e fez inúmeras outras contribuições para a ciência. No entanto, o que a maioria dos estudantes pós-modernos não percebe é que Newton era um fervoroso adepto do Hermetismo. Isso o inspirou a praticar Magia utilizando as ciências ocultas da Astrologia e da Alquimia. Esses interesses acenderam sua paixão pela física. Os ensinamentos ocultistas dos meus avós me ajudaram a encontrar uma base sólida. Ao estudar Newton nas minhas aulas, senti uma profunda conexão com ele. Como praticante em sua época, Newton combinou ciência e misticismo, inspirando-me a equilibrar essas duas abordagens enquanto mantenho um pragmatismo atento aos ensinamentos tradicionais.

A Astrologia (o estudo de como o cosmos nos afeta aqui na Terra) foi trazida para o Ocidente por meio das interações com o Oriente Médio, especialmente a Pérsia (atual Irã). As origens da Astrologia em si nos levam a períodos históricos incertos, talvez até a pré-história, mas podemos rastrear o mais antigo dos complexos sistemas de horóscopos até a Babilônia. Há uma lenda que, após o Grande Dilúvio, foi encontrada uma estela com os detalhes da Astrologia, como haviam sido passados aos humanos por anjos caídos. Alguns atribuem isso a Sete, um filho de Adão, mas independentemente da antiguidade, estamos bastante certos de que esses conhecimentos vieram da Pérsia para o Ocidente. Aqueles que conhecem a história do nascimento de Jesus Cristo estão familiarizados com os "Homens Sábios" (astrólogos e conselheiros do Rei Herodes) que vieram do Oriente. Eles eram provavelmente Magos da antiga Pérsia. Os vizinhos árabes da região persa também adquiriram conhecimentos sobre as ciências ocultas, incluindo a Astrologia, por meio desses sábios.

De acordo com o Professor Roland Rotherham, que conheci em Tintagel, Inglaterra, Merlin era provavelmente um sábio árabe ou persa que trouxe as ciências ocultas para o Ocidente. No entanto, segundo Arthur Uther Pendragon, também da Inglaterra, a história de Merlin foi moldada como resultado da cristianização dos eventos históricos. Tenho a suspeita pessoal de que os Cavaleiros Templários (o nome original e completo era "Cavaleiros Pobres de Cristo e do Templo de Salomão", Templários era uma espécie de apelido abreviado, que se tornou "Cavaleiros Templários") podem ter sido responsáveis por trazer a antiga Magia do Oriente Médio em suas missões para a Europa Ocidental. Ao longo dos anos, sempre fui fascinado pelas lendas dos Cavaleiros Templários e fiquei entusiasmado com a ideia de sua provável associação com antigos sábios e místicos persas. O que eles absorveram do Oriente Médio enquanto tinham sua sede em Jerusalém? Suspeito que foi por meio deles que parte da Ciência, da Magia e da Astrologia chegou ao Ocidente, pelo menos em termos históricos reconhecíveis.

John Dee, astrólogo da corte da Rainha Elizabeth I, foi um praticante tanto da ciência quanto do misticismo, amplamente reconhecido e respeitado por seu trabalho extraordinário com a Magia Enoquiana. Na minha juventude, meus avós me contaram que o enoquiano é a língua dos anjos, e que foram esses anjos que visitaram John Dee, revelando-lhe tal sabedoria. Com esse conhecimento, podemos nos conectar com os anjos de maneira profunda. A Magia angelical e dos santos fazia parte da prática pessoal dos meus avós, que a viam como uma expressão do Misticismo Cristão. Eles tinham uma devoção especial por São Miguel, o Arcanjo, que era colocado junto à porta da frente para proteger a casa. Com o tempo, a Astrologia percorreu seu trajeto da Europa Ocidental até o Caribe. Na minha juventude, fui cativado pela Astrologia, em grande parte devido à influência de Walter Mercado, um renomado astrólogo, médium e místico porto-riquenho que chegou à minha comunidade durante os anos 1970. Nós o chamávamos de "Liberace[4] da Astrologia", porque ele era muito extravagante. Muitos o criticavam por ser andrógino. No entanto, ele era hispânico e foi aceito como parte da comunidade, "um dos nossos". As crianças se encantavam com o entretenimento de Walter Mercado, ele apresentava o horóscopo do dia de forma tão envolvente. Sua energia excepcional e amorosa chegava até nós através da TV, e era impossível não se deixar cativar. Sorrio ao lembrar de como ele sempre dizia: "Que haja paz e harmonia. E muito, muito, muito amor!"

---

4 N. R.: Władziu Valentino Liberace, foi um pianista e *showman* americano, nascido em 1919 e falecido em 1987. Ele era conhecido por seu estilo extravagante e teatral, tanto em sua aparência quanto em suas performances.

A próxima parte do Ocultismo Renascentista que desejo discutir é a Alquimia (algo muito querido para mim). Quando um *millennial*[5] pensa em Alquimia, há, sem dúvida, uma conexão com a Pedra Filosofal ou Pedra do Feiticeiro, associada ao famoso alquimista Nicholas Flamel. Aparentemente, Nicolas Flamel conseguiu viver uma vida longa devido ao sucesso na criação da pedra mencionada, pois, pelas suas propriedades alquímicas, acreditava-se que ela conferia a imortalidade. Na verdade, essa pedra se tornou símbolo do material primordial do Universo, a partir do qual se acreditava que qualquer outra coisa poderia ser criada. Reduzir a matéria à sua parte mais simples e, em seguida, criar outras matérias a partir dela era a base da representação física da Grande Obra, que se referia mais frequentemente a um processo de recriação de nós mesmos para alcançar iluminação e progresso espiritual.

Ao lado de Flamel, Paracelso foi um alquimista altamente influente. Ficou registrado que ele definiu os elementos alquímicos como sendo, em essência, uma manifestação dos quatro elementos fundamentais: Água, Terra, Fogo e Ar. As *Ondinas* (um termo que ele criou para se referir aos espíritos da água) estavam associadas ao elemento Água, os *Gnomos* ao elemento Terra, as *Salamandras* ao elemento Fogo e os *Silfos* ao elemento Ar. Paracelso utilizou seus conhecimentos de alquimia para criar fórmulas químicas com o objetivo de curar doenças. Essa abordagem marcou o início da Química e tornou-se um dos fundamentos da Medicina moderna.

---

5 N. R.: *Millennial* é um termo usado para se referir à geração nascida aproximadamente entre o início dos anos 1980 e o final dos anos 1990 ou início dos anos 2000. Também conhecidos como "geração Y", os *millennials* cresceram com o avanço da tecnologia digital e são caracterizados por seu familiaridade com a internet e dispositivos eletrônicos.

Claro, a medicina no mundo atual não se restringe apenas a doenças físicas. Ela também abrange males espirituais. A Alquimia ainda é praticada hoje na forma de ascensão espiritual (algo que eu pratico regularmente). Como um Bruxo praticante, utilizo a Alquimia para promover o crescimento contínuo do meu espírito e elevar minha consciência a níveis mais elevados. Alguns buscam a antiga Deusa grega Sophia (Deusa da Sabedoria[6]) para auxiliá-los na maestria da alquimia espiritual. No entanto, invoco a Deusa e meus guias para me orientarem em meus trabalhos alquímicos.

Acredita-se que a Deusa Sophia dos gregos seja a mesma Sabedoria que o Rei Salomão (dos israelitas) invocou. Foram os ensinamentos mágicos de Sabedoria que concederam a Salomão seu poder sobre os demônios. É dito que o Selo de Salomão protege contra forças malignas. Muitos ocultistas da Renascença usaram esse selo com feitiços mágicos não bíblicos na Magia Salomônica. (Lembro-me com carinho que, aos onze anos, usei o Selo de Salomão em um dos meus primeiros trabalhos mágicos).

A história do ocultismo Renascentista não estaria completa sem mencionar o famoso Nostradamus. Michel de Nostredame nasceu em 14 de dezembro de 1503, em Saint-Rémy-de-Provence, na França. Seus pais eram judeus, mas decidiram converter-se ao catolicismo. Quando criança, Michel acreditava que suas visões vinham de Deus, mas não sabia como lidar com o dom da profecia que possuía.

---

6 Rudolph Steiner escreveu sobre a Deusa grega Sophia em seu livro *The Goddess: From Natura to Divine Sophia*. Outras referências notáveis a Sophia como uma Deusa da Sabedoria podem ser encontradas no ensaio de Helena Blavatsky, intitulado *O Que é Teosofia?* Além disso, Sophia é reconhecida como uma das manifestações da Deusa da Sabedoria na obra *The Cosmic Shekinah*, de Sorita d'Este.

Meus avós me ensinaram muito sobre Nostradamus quando eu era criança. Recordo-me de estar com eles em casa, enquanto falavam sobre o legado de Nostradamus. Minha avó gostava de contar sobre profecias específicas. Ela fazia isso vestindo um avental floral e preparando suas deliciosas sobremesas, como pudim de pão e bolos *Bundt*[7]. Enquanto eu estava na cozinha, ajudando vovó com a preparação dos alimentos, meu avô estava na sala, usando seu roupão de fumar e desfrutando de um charuto cubano (proibido de ser importado diretamente para os Estados Unidos eles eram enviados por amigos da família de Madrid, Espanha), enquanto lia a edição espanhola da *Reader's Digest*[8]. Meu avô também lia sobre ciências ocultas. Lembro-me dele contando como os budistas tibetanos realizavam levitação. Embora seja de conhecimento comum que os budistas tibetanos enfrentaram adversidades da China, incluindo o deslocamento forçado do Dalai Lama, não é tão amplamente conhecido que eles praticam Magia Oculta. De vez em quando, vovô entrava na cozinha para participar das conversas sobre Nostradamus e o ocultismo.

Meus avós me ensinaram que Nostradamus estudou as histórias da Bíblia, incluindo as profecias, com as quais ele se identificou devido ao seu dom profético. Durante sua juventude, Michel explorou os ensinamentos da Cabala, Astrologia, Latim e Grego, entre outros assuntos. Como ser espiritual que sou, decidi me aprofundar em diversos caminhos da Magia. Um desses caminhos é a Cabala.

---

7 N. R.: os bolos Bundt são assados em uma forma especial com um formato de anel, proporcionando uma textura uniforme e uma crosta bem definida. O nome Bundt vem do termo alemão *Bundkuchen*, que significa "bolo em forma de anel".

8 N. R.: conhecida no Brasil como *Seleções*, a *Reader's Digest* é uma revista mensal que oferece artigos variados sobre saúde, histórias e cultura.

Gloria e Cristobal, meus avós.
Havana, Cuba, 1964

Assim como a Alquimia, a Cabala ajuda no crescimento espiritual, mantendo-nos conectados e centrados na Fonte, a Deusa. Mas voltando ao tema, quando Michel ficou mais velho, ele mudou seu nome para Nostradamus e foi estudar Medicina. Fui informado de que Nostradamus mudou seu nome devido à perseguição aos judeus naquela época. Há um excelente artigo intitulado *Saturn and the Jews* (*Saturno e os Judeus*) que detalha algumas das razões pelas quais os judeus foram perseguidos durante o Renascimento. Nostradamus se tornou muito popular por seus métodos de cura peculiares, que se distanciavam das práticas médicas da época. Ele se recusava a realizar sangrias em seus pacientes, uma técnica comum na Medicina tradicional para eliminar impurezas e infecções do corpo. Em vez disso, fiquei sabendo que Nostradamus inventou uma pastilha de rosa, rica em vitamina C, que ajudava a prevenir a peste e a curar os afetados pela doença.

Após a morte de sua primeira esposa e de seus dois filhos em decorrência da peste, Nostradamus adotou uma vida nômade, deslocando-se de cidade em cidade. O pesar pela perda de sua família deve ter gerado dúvidas sobre suas habilidades de cura, o que o levou a mergulhar no estudo do ocultismo.

Nostradamus aprendeu a aprimorar suas visões por meio de seus conhecimentos em ocultismo. Ele usava uma mistura de piromancia (adivinhação pela observação das chamas) e hidromancia (adivinhação ao observar a água, como se estivesse olhando para um espelho) utilizando um Bastão. De acordo com meus avós, ele utilizava tinta preta na água para esses rituais. Durante essas práticas, ele experimentava visões notáveis que registrava com uma precisão que continua a fascinar seus leitores até os dias atuais.

Cerca de mil profecias foram escritas por Nostradamus de forma criptográfica, em diversas línguas, incluindo latim e grego. Ele as redigiu poeticamente, em quartetos rimados. Para a frustração dos estudiosos, essas profecias foram mantidas completamente fora de ordem. Minha avó era extremamente apaixonada por Nostradamus. Cresci ouvindo sobre suas profecias e como algumas delas possivelmente se concretizaram no século 20, como o regime nazista de Hitler e a Segunda Guerra Mundial.

O século 20 foi um período de renascimento para muitos. Druidas, Bruxas e outros ocultistas saíram das sombras, ganhando a liberdade para praticar sua Magia, assim como os praticantes do Renascimento. Meu desejo é compartilhar o que aprendi e pratiquei para auxiliar outras pessoas em suas jornadas espirituais.

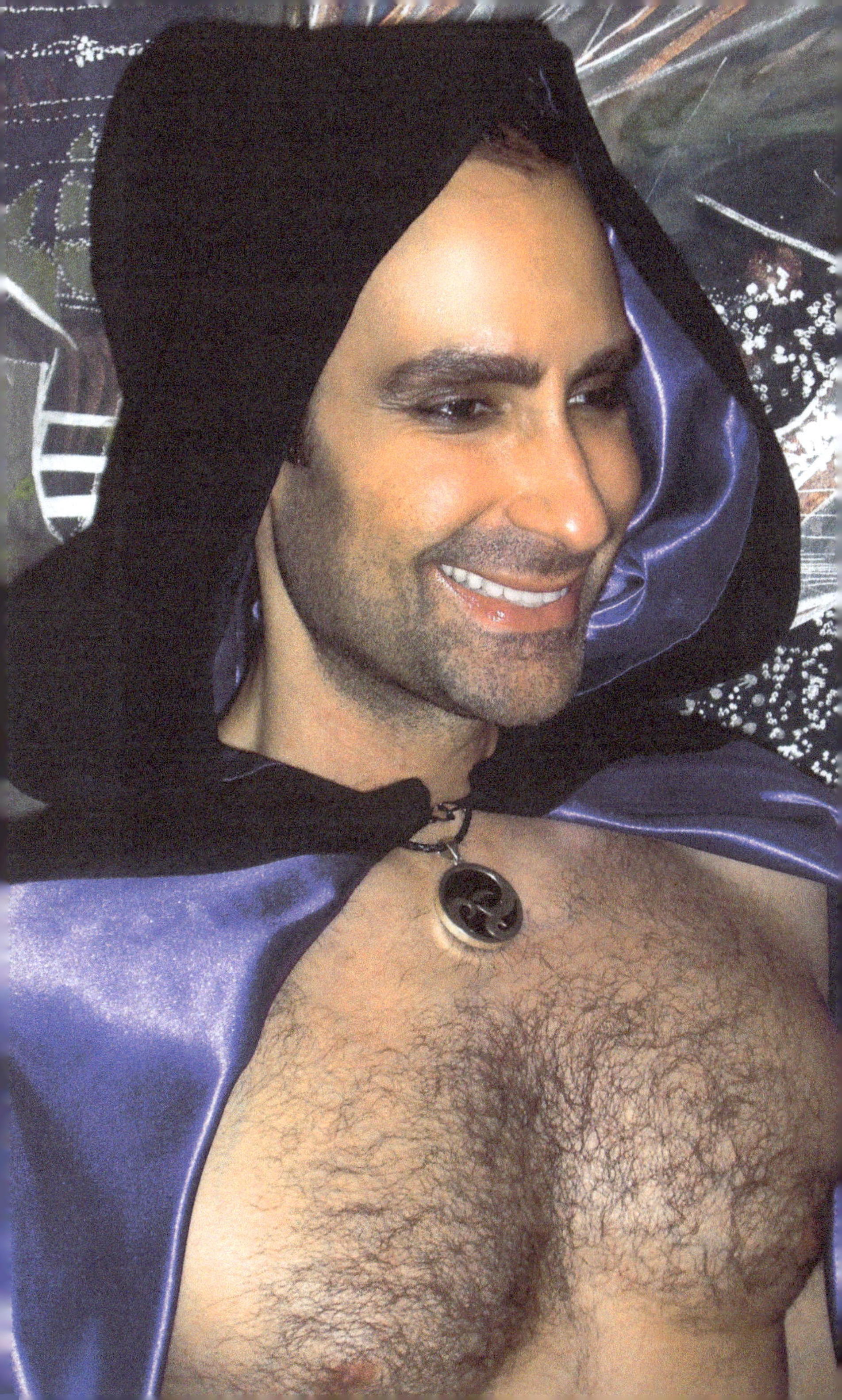

Capítulo Três

Aleister Crowley

Como todas as coisas são Deus/Deusa, em todas as coisas tu vês tanto de Deus/Deusa quanto a tua capacidade permite.

– Aleister Crowley

Uma das figuras mais inspiradoras para minha formação foi Aleister Crowley. Descobri seu trabalho por volta dos onze anos e, ao longo da minha juventude, ele se revelou como a figura mais influente do ocultismo no século 20. Suas obras, como *Moon Child, The Qabbalah of Aleister Crowley* e *The Book of the Law*, foram fundamentais para a minha compreensão do ocultismo.

Crowley continua a me inspirar. Enquanto escrevo este capítulo, acabo de ser visitado por ele em um sonho. Nessa visita, recebi sua bênção para incluí-lo em minhas memórias. Ele me revelou o caminho para a Golden Dawn. Sua mensagem é que a Magia Cerimonial está presente em todos nós; nossa existência é permeada por essa Magia. Sua presença é palpável para mim e, sem dúvida, terá um impacto profundo para os leitores também.

Meu livro favorito de Crowley é *Moon Child*. Nele, aprendi que os homens podem reverenciar a Divindade Feminina. Sou grato a Crowley, pois a Magia da Deusa foi revelada como uma força real, consciente e universal. Com a orientação da Deusa, podemos direcionar essa energia com intenção.

Uma das minhas primeiras imersões nos antigos ensinamentos herméticos veio da leitura do *Book of the Law* de Crowley. Seus ensinamentos baseavam-se nas filosofias livres e mágicas dos antigos gregos. O núcleo da teologia de Crowley era a *Thelema*, palavra grega para "vontade". A Thelema de Crowley é resumida na seguinte frase: "Faze o que tu queres será o todo da Lei. Amor é a lei, amor sob Vontade". Essa frase inspirou muitos, incluindo Doreen Valiente, e me tocou profundamente também. Com apenas onze anos, eu interpretava a Thelema de Crowley como uma filosofia voltada para a consciência superior. Para mim, ela revelava que a consciência de cada indivíduo sempre esteve presente e continuará a existir além da vida física neste Planeta.

Eu considerava os escritos de Crowley impressionantes. Mesmo sendo apenas um menino, tive a sabedoria de esconder algumas de suas obras, incluindo cópias de *Man, Myth, and Magic* e da *Encyclopedia of Witchcraft*, além de outros livros que pegava emprestado na biblioteca, em meu armário. (Eu era, literalmente, um Bruxo de armário). Meus pais eram externamente católicos, mas internamente pensadores livres inspirados na Maçonaria. Eu temia que, por não serem fluentes em inglês, não conseguissem compreender as obras de Crowley e, por isso, provavelmente proibiriam a leitura desses textos para me proteger.

Não havia anonimato com Crowley – ele não era um Bruxo de armário. E isso me fascinava! Naquela época, muitos ocultistas e praticantes de Magia não eram tão abertos sobre suas práticas. (Isso difere muito da grande quantidade de praticantes que hoje compartilham seus trabalhos por meio das redes sociais). Crowley era audacioso; ele definitivamente não era convencional. Muitos o chamavam de 666, a marca da besta, e ele se orgulhava disso! Ele adorava a atenção, positiva ou negativa, e usava isso a seu favor.

Mais tarde, já na casa dos trinta anos, fiquei maravilhado ao ver que o legado de Crowley era tão grandioso a ponto de ele ter sido destaque na capa da revista *Rolling Stone*. Apesar das controvérsias associadas à sua vida, ele sempre teve a Deusa ao seu lado. Acreditei nisso na época e continuo acreditando até hoje.

A vida de Aleister Crowley foi marcada pela polaridade. Após a morte inesperada de seu pai, quando ele ainda era muito jovem, sua dor se converteu em ódio, que ele direcionou contra sua mãe. A Deusa, compreendendo sua aflição, observou-o com compaixão. Acredito que ela tenha se aproximado dele através de seu fascínio pelo ocultismo durante seus anos na Universidade. Foi a Deusa quem apresentou a Ordem da Golden Dawn a Crowley. Ele se tornou um praticante de Magia muito poderoso. No entanto, sua raiva ressurgiu, e sua natureza confrontadora e rebelde levou à sua rejeição pela Ordem.

Uma nova intervenção da Deusa ocorreu através de Rose, esposa de Crowley. Acredito que, durante a lua de mel do casal, no Egito, Rose tenha canalizado o Deus Hórus. Esse evento inspirou Crowley a escrever o *Livro da Lei*, que estabeleceu a Thelema e fundamentou seu legado.

Eu amo ler os livros de Crowley

Com o tempo, os ensinamentos e seguidores de Crowley se expandiram. Ele inspirou muitas pessoas a reconhecerem e abraçarem seu próprio potencial mágico. Entre os muitos conceitos que ele compartilhou estava o poder da Magia Sexual, algo que eu não compreendia totalmente aos 11 anos, mas que depois pude valorizar. Com raízes antigas, essa prática continua sendo ensinada por Druidas galeses até hoje, ao longo de inúmeras gerações. Embora não fosse um conceito novo, ele certamente o popularizou em sua época, e muitos decidiram se engajar nesse tipo de Magia para fortalecer sua vontade e poder pessoal.

No entanto, Crowley acabou se excedendo, assim como havia feito no passado, repetidamente. Com o tempo, sua Magia se tornou obscura. Ele se assemelhava a Rasputin, o clérigo não ortodoxo da família Romanov da Rússia, que, apesar de seu imenso poder e potencial, escolheu seguir um caminho voltado para as artes das trevas.

Apesar de suas falhas, sigo valorizando o legado positivo de Aleister Crowley. Seu trabalho e sua influência mantêm um lugar especial em meu coração. Como mencionei anteriormente, admiro profundamente sua ousadia como um ocultista proeminente do século 20. Sinto-me honrado em canalizar essa coragem para escrever este livro e compartilhar minha vida com meus irmãos e irmãs da Arte hoje.

Durante uma viagem ao Brasil com minha grande amiga Susan Marie Paramor, ela me apresentou, remotamente, por meio de uma videochamada, ao seu filho, Aron Paramor, que é um especialista de renome mundial em Aleister Crowley. Quem melhor do que Aron Paramor para nos iluminar sobre Aleister Crowley, senão ele mesmo, com o artigo a seguir, escrito especificamente para inclusão neste trabalho?

O Diabo foi descrito como "mito", portanto ele existe e continua a ser ativo. Um mito é uma história que descreve e ilustra de forma dramática certas estruturas profundas da sociedade.

– Denis de Rougemont

Aleister Crowley: O Homem, o Mito, a Magia e a Mensagem

Um artigo de Aron Paramor, 2021, exclusivamente para este livro.

A Besta, 666; Mega Therion; Andarilho do Deserto — os muitos nomes de Aleister Crowley ainda desperta horror, desprezo, fascínio e admiração por suas ações e ensinamentos provocativos. O maior rebelde de sua época, um homem bissexual com um apetite sexual insaciável, envolveu-se em relações tanto homossexuais quanto heterossexuais. Crowley experimentou todas as drogas ao seu alcance, enfrentando uma batalha constante contra o vício. No final de sua vida, suas doses eram tão altas, que poderiam facilmente tirar a vida de uma sala cheia de pessoas.

Crowley mergulhou no inconsciente, explorando-o por meio da Magia e estudando manuscritos antigos, grimórios e tratados para sintetizá-los e modernizá-los. Além de ser um escritor prolífico, ele quebrou recordes em alpinismo e viajou pelo mundo. O que poucos sabiam é que, além de ocultista, Crowley também era mestre de xadrez, pintor, romancista, agente secreto e poeta. Seu humor negro não apenas chocava como também escandalizava, levando a imprensa, já sensacionalista e vingativa, a rotulá-lo como "O Homem Mais Perverso do Mundo" ou "O Rei da Depravação". Mais importante ainda, ele se via como um novo Messias em uma missão divina para propagar a Lei de Thelema. Como o próprio Crowley dizia, ele era "um verdadeiro Guru Sagrado".

Edward Alexander Crowley nasceu na noite de 12 de outubro de 1875, exatamente às 22h50, em Clarendon Square, Leamington Spa, Warwickshire, e entrou em um mundo rigidamente moldado pelos valores e convenções vitorianas. Sua experiência religiosa inicial veio por meio da participação de seus pais na seita Irmãos de Plymouth, conhecida por sua doutrina rigorosa que rejeitava tudo que estivesse fora da Bíblia. Para eles, até mesmo os fósseis encontrados na terra eram uma armadilha do Diabo, destinada a enganar as pessoas e afastá-las do relato de Gênesis. Profundamente leal ao pai, e com a Bíblia como única leitura, o jovem Crowley o acompanhava nas pregações de rua. Sua abordagem preferida era confrontar um homem até seu momento final, perguntando repetidamente: "O que você vai fazer?" e, logo em seguida, questionando: "E depois?". Esse ciclo de perguntas frequentemente levava a pessoa às lágrimas, forçada a refletir sobre sua própria mortalidade e a vida desperdiçada. Nesse ponto, o pai de Crowley intervinha: "Exatamente! Acerte-se com Deus!" É fácil imaginar o jovem menino, imerso em seu estudo fanático da Bíblia, repetindo: "Sim, pai. Acerte-se com Deus".

Aleister Crowley herdou a fortuna de seu pai, proveniente, ironicamente, da produção de álcool. A morte do pai, vítima de câncer na língua, deixou-o devastado. A perda do homem mais importante em sua vida gerou um sentimento de amargura e desprezo por tudo que era cristão.

Ele tratou sua mãe viúva de maneira abominável, a ponto de ela chamá-lo de "pequeno monstro". Jovem, ele acolheu essas palavras com satisfação e passou a se identificar com a besta do Apocalipse, associando-se ao número 666. Essa rejeição e maus-tratos continuaram ao longo de sua vida adulta. Durante um jantar com Crowley e sua mãe, Victor Neuburg presenciou o desprezo ativo de seu filho. De forma mordaz, ele disse à mãe, ainda profundamente religiosa, que a comida em seu prato era "jesuíta frita."

Após sua severa "infância no inferno", Crowley frequentou o Trinity College, em Cambridge. Em suas próprias palavras, ele "queria ser algo que ninguém jamais havia sido ou poderia ser". Aleister abraçou seu papel como o *enfant terrible*, um dos primeiros jovens revoltados, e ainda se dedicou à arte da poesia, escrevendo versos apaixonados, românticos e mágicos.

Trabalhos iniciais desse tipo ainda podem ser encontrados em três volumes, publicados pela Yogi Publication Society. Hoje, vários de seus poemas estão incluídos em antologias importantes, como o *Oxford Book of English Mystical Verse*. Aqueles que desejam explorar sua poesia com mais profundidade devem ler a excelente coletânea de Martin Booth, *Aleister Crowley: Selected Poems*, publicada em 1986, pela Crucible.

Em 18 de novembro de 1898, Crowley tornou-se membro da Golden Dawn. Foi nesse momento que ele atendeu ao seu chamado ao adotar o nome mágico *Perdurabo*, que significa "eu irei suportar". Esse nome encapsula a essência de Crowley. A Ordem Hermética da Golden Dawn, fundada dez anos antes, desintegrou-se em facções fragmentadas nos cinco anos seguintes à iniciação de Crowley. Samuel Liddell MacGregor Mathers criou uma ordem interna, chamada *The Order of the Rose and The Cross of Gold* (A Ordem da Rosa e da Cruz de Ouro), dedicada ao ensino da Magia Ritual. A Golden Dawn tornou-se a glória máxima do renascimento ocultista dos anos 1800. Cofundada por Mathers e outros dois integrantes, seus membros incluíam a elite literária e poética da época, como Sir Arthur Conan Doyle, Bram Stoker, Algernon Blackwood, W.B. Yeats, Constance Lloyd (esposa de Oscar Wilde) e, mais tarde, Dion Fortune. H.P. Lovecraft chegou a ser considerado um possível membro.

Com a publicação da maioria dos ensinamentos secretos e dos "textos ocultos", agora é possível acessar os fundamentos do trabalho de Crowley. Seus princípios baseavam-se em Mistérios Egípcios, Ritos da Maçonaria Escocesa, Magia Ritual, Hermetismo, Alquimia, Magia Enoquiana, Viagens Astrais, Estudo do Tarô, Numerologia, Geomancia, Adoção de Formas Divinas e até Invisibilidade. Esses elementos formaram o núcleo da Tradição Mágica Ocidental como a conhecemos hoje. O sistema de graus secretos, do postulante ao Mago, agora está acessível aos novos interessados. O estudo fundamental da Golden Dawn sobre a Árvore da Vida é a Pedra de Roseta do mundo mágico moderno e do inconsciente humano. Ao se comprometer com um caminho de iluminação e declarar, "com a permissão Divina, eu, a partir deste dia, aplicarei a mim mesmo a Grande Obra, que é purificar e exaltar minha natureza espiritual, para que eu possa, finalmente, tornar-me mais do que humano, e, assim, gradualmente me elevar e me unir ao meu gênio superior e divino, e neste evento, não abusarei dos grandes poderes confiados a mim", a Golden Dawn oferece um caminho claro à frente, com orientações ao longo da jornada.

A ascensão meteórica e a queda da Golden Dawn servem como um alerta para todos nós que desejamos seguir o caminho oculto. Sem rituais de proteção em vigor, podemos inflar nossos egos e cair na armadilha da imaginação, correndo o risco de uma descida à completa loucura. Os conflitos internos de personalidades opostas, ressentimentos sexuais e desejos ambiciosos ou conflitantes, que frequentemente levam à ruína das organizações, são ocorrências normais dentro da dinâmica de grupo. Trabalhar individualmente como lobos solitários é uma rota mais popular hoje em dia, mas corremos o risco de perder a experiência coletiva humana, como uma Missa Gnóstica. "O Templo da Juventude Psíquica" foi uma confraria fundada em 1981 por membros do Psychic TV. Um de seus cofundadores, Genesis P-Orrage, acreditava que a vida comunitária era um elemento vital para o desenvolvimento mágico, frequentemente negligenciado.

Um momento decisivo no desenvolvimento esotérico de Crowley foi sua introdução ao pensamento oriental por meio de seu guru de montanhismo, Oscar Eckenstein, que liderou uma expedição malsucedida para conquistar o K2 em 1902, e Allan Bennett, um monge pioneiro responsável por apresentar o Budismo ao Ocidente. Bennett foi um membro proeminente da Golden Dawn, tomando Crowley sob sua proteção após se apresentar. Olhando profundamente nos olhos de Aleister ele anunciou: "Irmãozinho, você tem se metido com a Goetia". Quando Crowley, nervoso, negou ter se envolvido com Magia Negra, Bennett respondeu: "Então, a Goetia tem se envolvido com você". Eles sabiam que trabalhar com tais forças era perigoso e que era essencial proteger-se por meio de práticas rigorosas. Não importava o quanto você se dedicasse a rituais mágicos, cerimoniais, sexuais, Magia Negra ou Branca, ou mesmo alimentasse esqueletos com sangue (sim, ele fez isso também), se você não mantivesse o controle sobre a própria mente, todo esse esforço seria em vão.

Eckenstein, certa vez, desafiou Crowley no México a tentar manter um único pensamento sem se distrair. Crowley sentou-se imediatamente e tentou fazê-lo, convencido da força de sua própria mente, e ficou maravilhado com sua total falta de firmeza, exclamando em voz alta: "Por Deus, você está certo!" A meditação budista e o controle da mente, e posteriormente do corpo, era uma jornada de mil passos que simplesmente precisava ser feita. Longe da familiaridade que têm hoje a Yoga e Meditação, na época, elas eram considerada parte da Magia Ocidental Esotérica. De fato, o *Book 4*, na primeira parte de sua obra-prima *Magick*, é um estudo sobre posições de Āsana, Mantras e Técnicas de Respiração para alcançar estados iogues.

Crowley estabeleceu residência nas Terras Altas da Escócia, na Boleskine House, com vista para o Lago Ness. Ele levou toda a sua presença mágica para lá e começou a se concentrar em realizar um ritual de seis meses, seguindo as instruções do *The Book of the Sacred Magic of Abramelin the Mage* (*Livro da Magia Sagrada de Abramelin, o Mago*). Um homem que havia sido abstêmio durante toda a sua vida de repente se embebedou e matou toda a sua família com uma espingarda. Rumores sugeriram que, o açougueiro local, irritado com Crowley por não pagar suas dívidas, havia sido amaldiçoado por ele. Como resultado, conforme dizia a história, ele cortou sua própria mão! Várias testemunhas relataram fenômenos estranhos na propriedade ou emanando dela. Crowley mesmo viu formas estranhas aparecendo nas sombras, nos cantos de sua casa. Desde então, a Boleskine House, que já foi propriedade de Jimmy Page da banda Led Zeppelin, recentemente queimou até os alicerces. Hoje ela está predestinada a ser reconstruída através de financiamento coletivo, transformando-a em um local de aprendizado e conhecimento público, com uma vasta biblioteca ocultista. Se tiver a oportunidade, recomendo visitar o cemitério estranhamente belo logo abaixo do local.

Crowley, que adorava se fantasiar e criar novos personagens, viveu o papel de Laird de Boleskine com a intensidade de um ator metódico, mas sempre com um toque de ironia. Embora esse comportamento possa ser alvo de críticas, ele molda e transforma a realidade, permitindo que a mente se expanda e evolua além de suas limitações. As instruções de Magia do Caos incentivam a adoção de comportamentos variados em diferentes dias. No livro *Clube da Luta*, os membros eram desafiados a iniciar uma briga física e, em seguida, perdê-la deliberadamente. Essa mudança de consciência para o vencedor e o perdedor é uma experiência reveladora.

Um marco importante na ambiciosa lista de conquistas de Crowley foi a escrita e publicação do periódico *The Equinox*. Esse feito foi significativo, pois Crowley se empenhou na tarefa hercúlea de sintetizar religiões e suas práticas em uma forma coerente para benefício da humanidade, algo que o movimento New Age nunca conseguiu alcançar. Esse esforço sobre-humano é resumido na frase de abertura do periódico: "O objetivo da religião, o método da ciência." Por essa conquista, podemos considerar Crowley da mesma forma que consideramos o antropólogo escocês Sir James George Frazer e sua obra magnífica, *O Ramo Dourado*.

O *The Equinox* ainda pode ser adquirido em seus 12 volumes originais, complementados pelo mais raro, o *Blue Equinox*. Com a impressão sob demanda e a disponibilidade on-line de textos em PDF, as informações estão mais acessíveis do que nunca. Como disse o falecido Herman Slater, da loja The Magickal Childe, "Agora está tudo impresso". Ele quis dizer que a Magia não está mais nas mãos de alguns grupos elitistas. Mas apesar das telas brilhantes de telefones e laptops, muitos de nós, ocultistas, ainda adoramos livros. O cheiro de um volume raro nas mãos após meses de busca, o mistério de encontrar uma dedicatória anotada na página de abertura, ou a emoção de descobrir uma nota de um amante de anos passados, alimenta nossa imaginação. Crowley publicou suas obras mágicas como feitiços físicos, selecionando cuidadosamente o tamanho, a cor e o design para intensificar as mensagens dos livros e cativar ainda mais o leitor. É frequentemente a nossa paixão por livros raros e proibidos que nos conduz ao conhecimento oculto que conhecemos como "Ocultismo".

Algo aconteceu com Crowley no Egito, em 1904, que alteraria para sempre seu caminho. Esse momento decisivo levou à criação de Thelema. Ele recebeu uma transmissão ao longo de três dias de uma inteligência chamada "AIWASS". Essa mensagem foi ditada a Crowley como *O Livro da Lei*. Esses três capítulos formaram a base da Thelema. Inicialmente rejeitado por Crowley, o manuscrito foi encontrado escondido em um sótão. Ao relê-lo, ele finalmente abraçou sua mensagem e aceitou seu papel como profeta e Alto Sacerdote do Livro. Foi uma jornada que o consumiria pelo resto de sua vida.

Em novembro de 1903, enquanto viajava pelo Egito com sua esposa, Rose Kelly, Crowley costumava se vestir como Chioa Khan, um príncipe persa. Eles passaram uma noite na Grande Pirâmide, na "Câmara do Rei", no coração da estrutura, onde Crowley realizou um ritual para invocar o Deus de Cabeça de Íbis, Thoth. A intenção era encher a câmara com luz astral e impressionar sua esposa. Acredita-se que passar uma noite na Câmara do Rei proporciona uma experiência profunda e pessoal. De fato, a areia do deserto do Saara sempre exerceu um impacto na consciência humana. Sua beleza austera e a falta de estímulos visuais ajudam a silenciar os padrões de pensamento diários.

Crowley invocou novamente Thoth em 16 de março de 1904, usando a fórmula IAO e realizando o ritual *The Bornless One*. Ele tentou mais uma vez entreter Rose ao mostrar-lhe os silfos à medida que se manifestavam. No entanto, Rose caiu em um estado de transe, não vendo nada, mas ouvindo entonações. Crowley ficou profundamente animado com o que ouvia dela e se tornou obcecado por mensagens como "eles estão esperando por você" e "tudo gira em torno da criança". Nos dias que seguiram, Rose percebeu que era Hórus quem estava se dirigindo a Crowley através dela. Eles então visitaram o Museu Boulak de Antiguidades Egípcias, no Cairo. Ainda cético, Crowley sorriu ironicamente enquanto ela passava por vitrines com estátuas e imagens de Hórus. Após mais algumas perguntas, ela o levou a uma imagem do Deus em uma tábua de madeira lindamente pintada, agora conhecida como a "Estela da Revelação". Curiosamente, o número de exibição era 666.

O próprio Crowley tinha ficado desencantado com a Magia e entediado com o ocultismo em geral. Frequentemente, ele questionava: "Você vê, mas qual é o ponto?" e expressava outras dúvidas semelhantes. Cético em relação à repentina clarividência de sua esposa, ele calculou as probabilidades de todos os eventos e ficou perplexo com as implicações. Como resultado, seguiu as instruções de sua vidente para comer e se vestir de uma certa maneira, e para atuar como escriba não diretamente para Hórus ou Ra-Hoor-Khuit, mas para um mensageiro chamado Aiwass (ou talvez Aiwazz). Crowley, ainda um "Tomé incrédulo", suspeitava que o nome desse mensageiro poderia derivar da palavra árabe para "sim", *aiwa*, que Rose supostamente teria ouvido.

Em 7 de abril, apesar de dúvidas e preocupações anteriores, ao meio-dia em ponto, com sua confiável caneta-tinteiro Swan e folhas de papel A4, Crowley iniciou sua função como escriba para essa entidade, seja ela um Demônio, Diabo, Deus, Anjo da Guarda ou uma Inteligência além do humano comum, conhecida como *Aiwass*. Crowley estava prestes a anunciar o "Equinócio dos Deuses". Nos três dias seguintes, foram ditados a ele 220 versos, divididos em três capítulos distintos.

Durante o processo do ditado, Aleister notou que a voz de Aiwass parecia vir do canto mais distante à sua esquerda, reverberando pelo seu coração físico. A voz tinha um timbre profundo, musical e expressivo, e ao mesmo tempo era terna, feroz e solene. Era também estranho para ele que a voz parecia isenta de qualquer sotaque identificável. A impressão que ele teve foi a de um homem alto e escuro, feito de uma matéria quase transparente, com o rosto de um rei assírio ou persa, com seus olhos cobertos para evitar que destruíssem tudo o que olhassem.

O ditado era tão rápido às vezes que Crowley lutava para acompanhar, e isso é refletido nas áreas confusas da caligrafia no manuscrito original. Começou com Nuit como a oradora, Deusa do Céu e das Estrelas (mostrada na Estela da Revelação como uma mulher azul curvada para formar um arco protetor, refletindo a eternidade do Universo), falada através de Aiwass.

Já o próximo capítulo foi ditado do ponto de vista de Hadith, o aspecto masculino de Nuit, embora ainda falado através de Aiwass. Hadith foi pintado na estela como um disco com grandes asas, logo abaixo do torso de Nuit. Esta divindade representa o centro do círculo, o microcosmo dentro do macrocosmo, como um ponto focal do Universo dentro de todos nós. O último capítulo foi ditado no terceiro e último dia. Na forma de Hórus, com cabeça de falcão, um disruptor vingativo falou através de Aiwass ao seu novo profeta, Crowley, que foi renomeado Príncipe Ankh-f-n-Khonsu. Hórus o convidou a assumir o manto de Alto Sacerdote e a se tornar um apóstolo do novo *Aeon*, "a criança coroada e conquistadora".

O *Livro da Lei* proclamou o fim do cristianismo e das religiões tradicionais. Segundo minha compreensão, a humanidade começou com o período Pagão, venerando a natureza, Ísis e diversas Deusas-Mãe. Depois surgiu a adoração do homem, Osíris, o sofrimento e a morte. Durante esse período, ignoramos o aspecto físico que nos define como seres humanos, concentrando-nos exclusivamente no espiritual. O "filho do novo Aeon," Hórus, representa uma síntese do espiritual e do físico. Essa lei, que preza pela liberdade, amor e luz, prometeu moldar o futuro.

Liber AL, como o *Livro da Lei* ficou conhecido, é ao mesmo tempo belo e perturbador, sublime em sua simplicidade em alguns versos e desconcertantemente complexo em outros. A versão publicada sempre inclui um fac-símile do manuscrito original, escrito à mão pela própria Besta. O comentário sobre este "livro sagrado" foi proibido, sendo considerado prudente destruí-lo após a primeira leitura. Aconselho a qualquer pessoa que considere ler o livro desta forma a meditar e se preparar da maneira que achar adequada, buscando alcançar um estado mental receptivo. Depois, sugiro que se sente sozinho em silêncio para absorver o conteúdo por conta própria. Tire suas próprias conclusões, leitor, e faça dele o que você quiser.

Do texto deste livro emergem dois princípios fundamentais: *Thelema*, que em grego significa "vontade", e *Ágape*, que representa um amor universal e altruísta, semelhante ao amor divino.

Faze o que tu queres há de ser o todo da Lei.
Amor é a Lei, Amor sob Vontade.
Todo homem e toda mulher é uma estrela.

O livro defende a busca pelo seu inconsciente, o seu "Eu Superior", e a comunicação com ele, conhecida como "Conversação com seu Anjo da Guarda". Isso leva à descoberta de sua "Verdadeira Vontade", a real fonte motivadora interna, a razão fundamental de sua existência neste mundo. A partir dessa descoberta, é esperado que você aja de acordo com ela, seguindo-a com amor extasiante, sabendo que possui um lugar único no Universo e uma responsabilidade correspondente. Somos todos seres divinos que podem se unificar perfeitamente com a divindade do infinito. "Um homem cuja vontade consciente está em desacordo com sua Verdadeira Vontade está desperdiçando sua força." Crowley compara tal homem a uma nação em estado de guerra civil. Esse sistema, tanto no passado quanto no presente, visa trazer os indivíduos à harmonia consigo mesmos e com o ambiente ao seu redor.

A proclamação de Crowley para a vida foi resumida de forma exemplar em seu manifesto, *Liber OZ*, que incorpora os principais versos do *Livro da Lei* (*Liber AL*).

LIBER LXXVII
OZ

A lei dos fortes: esta é a nossa lei e a alegria do mundo.
– AL II: 21

Faze o que tu queres há de ser o todo da Lei
– AL I: 40

Tu não tens direito senão fazer a tua vontade. Faze isso,
e nenhum outro dirá não.
– AL I: 3

Não há Deus senão o homem.

1. "O homem tem o direito de viver pela sua própria lei – de viver da maneira que deseja,
2. De trabalhar como quiser, de brincar como quiser, de descansar como quiser, de morrer quando e como quiser.
3. O homem tem o direito de pensar o que quiser, de falar o que quiser, de escrever o que quiser, de desenhar, pintar, esculpir, gravar, moldar, construir como quiser, de se vestir como quiser.
4. O homem tem o direito de amar como quiser, 'desfrutai plenamente do amor como desejardes, quando, onde e com quem desejardes.' – AL I: 51
5. O homem tem o direito de matar aqueles que impediriam esses direitos. 'Os escravos servirão'." – AL II: 58

Amor é a lei, amor sob vontade.
– AL I: 57

Em 1909, Crowley e seu discípulo Victor Neuburg estavam viajando pelo Norte da África. Eles tinham formado uma amizade mágica e um vínculo sexual que duraria anos. Victor, graduado em Cambridge, era um poeta e vidente natural de altíssima habilidade. Ele havia recebido treinamento nas Terras Altas da Escócia, na Boleskine House, com Crowley como seu Guru. Tendo deixado a civilização em Bou Saada, eles dormiam sob as estrelas, enfrentando o sol escaldante do deserto e a possível geada das areias congeladas à noite. Armado com um revólver escondido sob suas vestes, Crowley estava preparado para deter uma emboscada árabe. Ele também carregava uma cruz de madeira de Calvário de seis quadrados, pintada de vermelho brilhante e incrustada com um grande topázio dourado. Neuburg, muito mais jovem, conhecido como *Brother Omnia Vincam* ("Irmão, Eu Vencerei Tudo"), seguia com uma mochila contendo papel, canetas e vários cadernos. Sua cabeça estava raspada, exceto por dois chifres de cabelo pintados de vermelho, fazendo-o parecer um duende ou demônio domado para muitos.

"Uma mão golpeou seu coração como um raio", e Crowley ouviu uma voz familiar implorando-lhe para ir mais fundo no deserto e "me chamar". Eles se engajaram em um trabalho chamado *A Visão e a Voz*, utilizando um sistema fascinante de Magia Elisabetana conhecido como "Enoquiano". Por sorte, o caderno de Victor continha as "19 invocações dos *aetheres*", cuidadosamente copiadas à mão dos manuscritos.

A linguagem e a Magia Enoquiana foram pioneiras pelo Dr. John Dee, que era astrólogo e conselheiro da Rainha Elizabeth. Ele também era um cientista e matemático disposto a desbravar as portas do Céu em busca do prêmio supremo: encontrar as respostas do Universo. A Igreja proibia qualquer pessoa de se envolver com "Magia Demoníaca". A desobediência traria consequências terríveis, mas uma maneira de contornar a regra era o estudo da "Magia Angelical", a comunicação com a hierarquia celestial dos anjos. Com isso, o Doutor Dee se preparou para desenvolver um sistema de grande importância. Após cuidadosa deliberação, ele escolheu Sir Edward Kelly como seu vidente. Embora fosse um "vaso imperfeito", Kelly conseguia obter resultados tangíveis. Ele usava uma pedra de visão para estabelecer contato com entidades aparentemente angelicais. Entre 1852 e 1859, através da construção de complexas redes de letras, a língua enoquiana foi revelada e meticulosamente registrada. Assim como Michelangelo esculpia um bloco de pedra para liberar a imagem de um anjo preso em seu interior, essa linguagem peculiar possuía sua própria sintaxe e gramática, sendo completamente única, manifestada na Terra apenas como foi revelada pelos "anjos". Muitos acreditam que o estudo desse sistema pode expandir a mente, mesmo antes de um envolvimento mais profundo com ele.

Os trinta aethyrs, cujo domínio se estende em círculos cada vez maiores além das Torres de Vigilância do Universo.

– Doutor Dee

As Trinta Chaves (ou chamadas) representam o Universo em quarta dimensão, visualizado em duas dimensões como um quadrado cercado por círculos concêntricos, que se expandem em direção ao exterior. Esse esquema simboliza a Grande Obra para o Mago aspirante. Durante o trabalho árduo de vidência, muitas vezes realizado de forma relutante por Kelly, que se queixava de cansaço e questões financeiras, a dupla explorou profundidades cada vez maiores. Kelly temia que os "anjos" pudessem, na verdade, ser demônios disfarçados. No entanto, essas preocupações foram descartadas por Dee, movido por sua ambição inabalável. Em certo momento, eles questionaram diretamente essa possibilidade e receberam a inquietante resposta de que não havia diferença.

A dupla embarcou em muitas aventuras, confiando nas conversas "angélicas" para guiar suas vidas, conseguindo audiências com Rodolfo II em seu palácio em Praga, e com o Rei Estêvão Báthory da Polônia. No entanto, a história deles terminou de maneira bastante trágica. As esperanças de Dee de encontrar a chave suprema do conhecimento que unisse e desvendasse o Universo foram frustradas pela última mensagem "angélica", que ordenava que compartilhassem todos os seus bens (inclusive suas esposas). Relutantemente, Kelly e Dee seguiram as instruções e, em determinado momento, Dee retornou à Inglaterra para encontrar sua biblioteca, a maior coleção privada da Grã-Bretanha, saqueada. Ele encontrou sua reputação arruinada e sua esposa grávida, possivelmente de Kelly. Sir Edward Kelly permaneceu em Praga, a serviço de Rodolfo. Ele se viu preso por seu próprio esquema: foi apanhado em um jogo político muito maior do que imaginava, tentando transformar chumbo em ouro, uma obra falsa dos alquimistas.

A "Pedra de Vidência", um espelho de obsidiana negra, e as belas tábuas de cera usadas por Kelly e Dee ainda podem ser vistas em exibição no Museu Britânico, em Londres. Não se esqueça de dar uma espiada na Livraria Atlantis enquanto estiver por lá, caso visite o museu, pois fica logo na esquina.

O trabalho de Crowley com o Sistema Enoquiano aprofundou os ensinamentos iniciais da Golden Dawn, retornando ao material original do Dr. John Dee, encontrado na Biblioteca Britânica, e explorando extensivamente os "trinta *aethyrs*". Esse esforço resultou no sistema mágico moderno e coeso que conhecemos hoje. Além disso, uma gravação em cilindro de cera com Crowley lendo as chamadas e cantando *Vive la France* é fascinante de se ouvir.

No deserto, Crowley e Neuburg colaboraram para completar o sistema das chamadas Enoquianas. Aleister usava o topázio como pedra de visão, enquanto Victor atuava como escriba, escrevendo com fervor para acompanhar o ditado de seu mestre. O texto registrava as visões que Crowley estava experienciando. Em uma das chamadas, o caminho deles foi bloqueado, e eles conseguiram avançar através de um ato de Magia Sexual. Essa experiência deixou uma profunda impressão em Crowley quanto ao potencial dessas práticas.

O décimo *aethyr*, chamado Zax, era guardado pelo que Kelly descreveu como um "poderoso Demônio chamado Chronozon". No deserto, marcaram um círculo inscrito com os nomes sagrados de Deus para protegê-lo, visando a segurança de Victor. Fora do círculo, traçaram um triângulo com o nome de Chronozon no centro e inscreveram mais nomes de Deus ao longo dos lados para impedir que o demônio rompesse o limite. Três pombos foram sacrificados, e seu sangue foi colocado em cada um dos cantos do triângulo, fornecendo uma fonte de poder para a manifestação da entidade após a evocação. Crowley tomou a medida inédita de se ajoelhar na posição de Hatha Yoga do raio dentro do triângulo, onde o demônio deveria aparecer. Ele convocou Chronozon para ser evocado tanto no plano físico quanto dentro de si mesmo.

Crowley foi possuído por Chronozon, e eles abriram os "portões do Inferno" usando as palavras proferidas por Adão: "Zasas Zasas Nasatanada Zasas." Chronozon tentou seduzir Victor a sair da proteção de seu círculo, aparecendo como uma mulher bela e sedutora que Victor havia conhecido, imitando sua voz com perfeição. Quando isso não funcionou, o demônio apelou para a misericórdia de Victor, chorando com a voz angustiada de Crowley e pedindo água para saciar sua sede. No clímax do ritual, Chronozon deliberadamente distraiu o escriba (Victor) ditando palavras insanas e furiosas. Enquanto Victor lutava para acompanhar o fluxo frenético e desordenado, sua escrita tornou-se tão caótica, que escorreu para fora da página. Aproveitando a distração, Crowley, possuído, escapuliu da contenção do triângulo, atravessou a areia e saltou diretamente para o círculo protetor, atacando Victor com os dentes, conseguindo apenas ser repelido por sua adaga.

Após suas aventuras explorando os *aethyrs* enoquianos, Crowley inevitavelmente brigou com Victor, como costumava fazer, e o abandonou para morrer no deserto. Quando voltou à civilização e foi perguntado sobre o destino de Victor, ele simplesmente apontou para a sela vazia do camelo de seu ex-companheiro.

Sobrevivendo a esse episódio, Victor Neuburg fundou uma editora independente, a Vine Press, onde editou *The Poet's Corner* e publicou poesias verdadeiramente notáveis, como *The Triumph of Pan*. Além disso, atuou como padrinho literário de Dylan Thomas, que afirmou:

> *Vicky me encorajou como ninguém mais fez... Ele possuía muitos tipos de genialidade, e uma delas era seu talento para atrair para si, através de sua sabedoria, seriedade, grande humor e inocência, um sentimento de confiança e amor que nunca será esquecido.*

A propósito, Timothy Leary, o padrinho do LSD, enquanto viajava pelo Norte da África, descobriu que estava seguindo exatamente os passos de Crowley pelos desertos, como se estivesse revivendo uma experiência de uma vida passada. Ele identificou semelhanças sincrônicas entre a trajetória de sua própria vida e a de Crowley.

Uma batida na porta de Crowley, numa noite de 1912, abriu outro portal em sua vida. O estranho misterioso, que apareceu ostentando um bigode em guidão e óculos pince-nez, revelou-se um alto-membro da Maçonaria Alemã, integrante do Serviço Secreto Alemão e chefe de uma Ordem Mágica chamada *Ordo Templi Orientis*, o "Templo do Oriente", ou O.T.O., como é comumente conhecida. O nome do cavalheiro era Theodor Reuss, e ele tinha uma "pendência" com Crowley. Após o décimo quarto chamado Enoquiano, que havia exigido um ato sexual para permitir o progresso, Crowley estava formulando e especulando sobre a ideia de que o sexo e toda a sua energia vital, combinados com a vontade do Mago, através do pensamento direcionado ou visualização, poderiam conter a chave central para A Grande Obra.

Theodor Reuss acusou Crowley de revelar o segredo mais profundo de sua Ordem, conhecido como o "IX segredo". Na verdade, Crowley era um membro recente da O.T.O., tendo ingressado na Ordem apenas um ano antes. Ele era um colecionador de adesões a Sociedades Secretas, de maneira semelhante a um colecionador de livros raros. Se ele ainda não havia atingido o 9º grau para acessar o IX segredo, como poderia ter revelado esse conhecimento? Reuss retirou da estante o volume recentemente publicado por Crowley, *The Book of Lies*, e o abriu na página que começava com: "Que o adepto esteja armado com seu *Rood* Mágico e provido com sua Rosa Mística." Crowley pode ter usado *rood* para se referir a um crucifixo, mas, pensando rapidamente, ele percebeu que o 9º grau secreto da O.T.O. tinha uma natureza sexual. Os dois homens conversaram até tarde da noite, compartilhando segredos sobre uma vertente da prática hindu conhecida como "Tantra", o uso de talismãs consagrados com secreções sexuais e carregados com a energia do Prana. Crowley foi prontamente convidado para assumir a liderança da filial britânica da O.T.O., uma posição de prestígio e influência dentro da Ordem. Ele viajou para Berlim para ser iniciado e assumiu o nome mágico de "Baphomet," título do ídolo secreto que os Cavaleiros Templários foram acusados de adorar (um mito criado pela Igreja para difamar o profeta Maomé e desencorajar conversões islâmicas, originalmente). Ele imediatamente começou a reescrever os rituais da Ordem para incorporar os princípios do *The Book of the Law* (*O Livro da Lei*).

Nas lendas tântricas, os santos eram frequentemente iniciados por mulheres – detentoras do poder, dançarinas experientes de templos ou prostitutas. Crowley, com seu forte traço masoquista, admirava mulheres experientes e via suas "Mulheres Escarlates" como personificações literais da Grande Deusa. A descoberta da Magia Sexual por Crowley uniu dois pilares de sua vida: ser um Mago poderoso e famoso como nenhum outro, e um notório atleta sexual.

A Magia é a Ciência e a Arte de provocar mudanças em conformidade com a Vontade.
— CROWLEY em *Magick in Theory and Practice.*

Crowley nunca superou a definição de "Magia". Ele adicionou o "K" na palavra *Mágicka* para distinguir a magia de palco da Magia Oculta. Na Cabala hebraica, a letra K significa "dobrar" ou "dominar", e para Crowley, também carrega uma conotação sexual. Encontrar dois significados em sua obra muitas vezes significa que outros três foram perdidos. A interpretação mais moderna desta frase adiciona "na consciência" após "provocar mudanças". Isso, em parte, contradiz a ideia de que a Magia pode provocar mudanças no mundo físico. Se nossas mentes são miniaturas do Universo e estão conectadas a ele como um todo, não poderia uma mudança significativa no microcosmo (nosso cérebro), dentro do macrocosmo (o Universo inteiro), causar uma mudança sincronística perceptível na matéria física? Teoricamente, esse é um princípio científico sólido e certamente encontra algum suporte no campo mais recente da Física Quântica, como nas mudanças no comportamento dos fótons quando observados, em comparação com quando não são observados.

A Magia Cerimonial convencional exige um preparo extenso, com o uso disciplinado de rituais rigorosamente definidos e materiais específicos, raros ou caros. Os Magos do Caos, por outro lado, não atribuem importância ao método para alcançar um estado alterado de consciência e estão confortáveis usando qualquer ferramenta que estimule a imaginação, até mesmo livros fictícios como o *Necronomicon*. Para eles, o que realmente importa é o estado mental alcançado, independentemente dos meios utilizados.

Já a Magia Sexual democratiza a Magia ao colocar em nossas mãos, literalmente em nossos corpos, todo o poder necessário. Através de atos específicos de sexo, é possível promover mudanças no mundo físico. Nossos corpos tornam-se o templo, e as secreções sexuais, o sacramento. Nossos órgãos sexuais são vistos como símbolos vivos do que os símbolos arquetípicos representam, como o Bastão e o Cálice. O ato sexual transforma-se em uma comunhão com Deus, com o nosso Eu Superior, nosso Anjo Guardião ou o inconsciente profundo que nos impulsiona. Na Magia Sexual, o "feitiço" consiste em manter uma imagem em mente do que você está solicitando, seja uma imagem mental ou um sigilo pessoal preparado anteriormente. Mantendo a imagem na mente durante o momento do orgasmo e, em seguida, liberando-a para o Universo, você então se esquece do assunto. Não pense mais sobre isso, tenha fé completa de que o resultado foi alcançado. Trabalhar "sem desejar o resultado" é o caminho, pois quem pode recordar um orgasmo específico? Deixe tudo nas mãos dos Deuses e siga em frente, para que sua mente não comece a gerar dúvidas. A dúvida é a antítese do sucesso.

Frequentemente chamada de "Caminho da Mão Esquerda", a Magia Sexual dobra o espaço de maneira semelhante ao atravessar um buraco negro ou um túnel de minhoca, emergindo em outro ponto e percorrendo instantaneamente distâncias inimagináveis no espaço e no tempo. O orgasmo, ou "a pequena morte" como é conhecido na França, é uma experiência poderosa e semelhante à DMT[9] em miniatura. À medida que o orgasmo expande nossa consciência, cria uma pequena abertura ou buraco no tecido do Universo. Para Crowley, isso representava a recuperação e a liberação da fonte dionisíaca que havia sido suprimida pela cristandade.

No auge de seu poder e crença na Lei de Thelema, em 1920, Crowley e seu pequeno grupo de seguidores fundaram a "Abadia de Thelema" em uma casa de campo em Cefalù, na Sicília. Ele escolheu Cefalù após consultar cuidadosamente o I Ching, um método de adivinhação chinês que utiliza oito trigramas. Qualquer dúvida que seus discípulos pudessem ter foi dissipada na chegada – o local era idilicamente perfeito para estabelecer uma comuna espiritual e praticar a religião de Thelema como homens e mulheres livres. Nesse contexto, é importante considerar o que eles estavam tentando alcançar. A época já era chamada de "Era da Impotência". Grande parte da doutrina de Crowley advogava pela liberdade pessoal e completa libertação. Em 1920, essa atitude estava muito à frente de seu tempo, antecipando o movimento dos anos 1960 em cerca de 40 anos, com amor livre, drogas, música e arte explodindo na cena. Isso também o levou a ser reverenciado como um ícone dos anos 1960, perpetuado na capa do álbum *Sgt. Pepper's Lonely Hearts Club Band*, dos Beatles.

---

9 N.R.: DMT (Dimetiltriptamina): substância psicodélica potente encontrada em várias plantas e também produzida pelo corpo humano. Conhecida por causar experiências intensas e breves de alteração da consciência, visões e sentimentos de transcendência. Frequentemente associada a estados místicos e profundos.

A vida na Abadia começava com adoração em grupo ao sol todas as manhãs. Os dias eram dedicados a atividades criativas, como pintura, escrita, escalada da Rocca[10] que se ergue sobre Cefalù, natação no mar, meditação e realização de tarefas mágicas designadas por Crowley, com o objetivo de que cada pessoa descobrisse sua Verdadeira Vontade. Entre essas atividades, as tarefas domésticas eram realizadas e as refeições eram feitas em silêncio após a recitação de "Vontade", uma forma telemaica de graça. Esse ritual tinha a intenção de manter os participantes focados na busca ou na realização de sua Verdadeira Vontade. Diários mágicos eram rigorosamente mantidos. Esses registros pessoais continham pensamentos, impressões, sonhos e práticas mágicas voltadas para o desenvolvimento individual, como o ato de se cortar com uma lâmina sempre que usasse a palavra "eu". Apenas Crowley tinha permissão para acessar esses registros a qualquer momento, monitorando o progresso e oferecendo conselhos em seu papel de Guru Sagrado.

Ao contrário do que se acredita popularmente, os habitantes locais não eram hostis ao Mago e seus seguidores. Frequentemente, eles subiam a colina para levar pão e azeitonas aos residentes da Abadia. O barbeiro local fazia bons negócios aparando os cabelos dos Thelemitas masculinos, mantendo o característico tufo de cabelo fálico na frente. A Abadia não tinha água encanada, mas não era o antro insalubre descrito por alguns. No entanto, a vida ali estava longe de ser sempre tranquila. Conflitos de ciúmes surgiram entre as mulheres, e acusações de Magia Negra se intensificaram após a morte de Poupée (Anna Leah), a amada filha de Crowley. Discípulos ficaram descontentes

10 N. R.: Rocca designa uma formação rochosa específica em Cefalù, na Sicília, referindo-se a uma elevação ou penhasco notável na região.

com a atitude de "superioridade moral" de Crowley. Drogas, incluindo heroína e cocaína, assim como tabaco e álcool, estavam tão amplamente disponíveis, que até crianças eram permitidas a experimentá-las. Isso resultou em vícios inevitáveis e seus problemas associados. Um jornalista escocês espião explorou a natureza ingênua dos habitantes da Abadia e pavimentou o caminho para sua queda ao escrever histórias maliciosas e sensacionalistas para a ávida imprensa britânica.

Após a triste morte do discípulo Raoul Loveday, sua parceira, Betty May, revelou um detalhado relato de sua estadia na Abadia à imprensa. As coisas se desmoronaram rapidamente, culminando na expulsão dos Thelemitas da Sicília e na perda subsequente da Abadia. No crepúsculo de sua existência, Crowley escreveu que sua estadia na Abadia de Thelema havia sido um dos períodos mais felizes de sua vida. Um relato idealizado do *Collegium ad Spiritum Sanctum,* como Crowley o chamava, pode ser lido no romance com o provocante título *The Diary of a Drug Fiend* (*O Diário de um Viciado em Drogas*). Crowley o ditou em um único rascunho ao longo de vários dias. Trata-se de uma história bastante sóbria de dois jovens amantes presos em um infernal purgatório de vício, que eventualmente buscam recuperação para seus impulsos autodestrutivos na Abadia de Thelema. Sob a orientação de Basil King Lamus[11], eles descobrem suas Verdadeiras Vontades e são libertos de sua escravidão às drogas.

Em 1996, redescobri a Abadia e passei um tempo removendo a cal das paredes para fotografar as pinturas abaixo. Ninguém havia realmente entrado ali desde o cineasta

11 N. R.: Basil King Lamus é o nome que Crowley adotou para um personagem mentor em *The Diary of a Drug Fiend*, simbolizando uma figura mística e esotérica que guia os protagonistas em sua jornada de autodescoberta e recuperação.

Kenneth Anger, na década de 1950. Seu trabalho incrível preservou pinturas em persianas e portas, bem como aquelas no chão e espalhadas fora da Abadia. Meu próprio trabalho documentou as pinturas na chamada "câmara dos pesadelos", fotografadas em cores pela primeira vez. O cômodo retratava um bode copulando com uma mulher de cabelos escarlates. Mostrava também os pés de Aiwass dançando sobre a terra, e um Deus "cego e degenerado", ostentando uma enorme ereção com um único olho em uma cabeça de um amarelo lívido. A frase "enfie seu sorriso demoníaco em meu cérebro, embebede-me em conhaque, buceta e cocaína" percorria toda a extensão de uma das paredes. Os murais foram projetados para chocar os espectadores e ajudar a dissipar a vergonha em torno do sexo. A escolha de cores vibrantes e perspectivas estranhas, psicodélicas e marcantes, decorreu, em parte, do fato de Crowley cheirar éter entre as pinceladas. Também coletei relatos em primeira mão sobre o que aconteceu na Abadia, como alguém que testemunhou Crowley escalando a Rocca, com nada além de um saco de pó de giz para aderência, sem camisa, com sangue escorrendo dos dedos e pingando dos cotovelos antes de alcançar o cume. Ouvi histórias sobre ele chicoteando seus seguidores, amarrados a duas pedras de pilar na frente da casa, para manter uma sensação de disciplina. Também soube que a expulsão do grupo por Mussolini foi, na verdade, orquestrada pelo arcebispo local, que detestava Crowley e o que ele representava, vivendo como um "homem livre". Meu retorno de Cefalù culminou em uma série de documentários do Channel 4, chamada *The Masters of Darkness*.

Ninguém Sai Vivo
– Jim Morrison

O legado sombrio dos anos 1960 e os excessos do *rock and roll* trouxeram consigo problemas como doenças mentais, dependência de drogas e mortes. Muitos seguidores de Crowley que conseguiram se recuperar encontraram a sobriedade e um novo Deus conforme sua própria compreensão. Esses foram os sortudos, que, tragicamente, tiveram que testemunhar seus amigos e colegas na indústria da música morrerem diariamente devido a overdoses ou alcoolismo. Com a era da internet, as drogas ilegais estão mais acessíveis do que nunca. Drogas que induzem estados alterados de consciência podem ser úteis se usadas com um propósito específico. A microdosagem de LSD, por exemplo, é uma prática comum no Vale do Silício para estimular a criatividade e o desenvolvimento de novos conceitos. A experiência da "vinha da alma" (*ayahuasca*) tem sido útil para aprofundar responsabilidades pessoais. No extremo oposto, o Terceiro Reich utilizou metanfetamina para impulsionar sua *blitzkrieg* ou "guerra relâmpago".

Crowley entendia que cada droga produzia efeitos únicos. Em seu livro *777*, baseado nos ensinamentos da Golden Dawn, ele incorporou diversas substâncias químicas à tabela de correspondências ligada à Árvore da Vida. Até mesmo a noz-moscada foi adicionada, antes de ser reconhecida como substância psicoativa, para apoiar práticas mágicas. No entanto, é essencial alertar: a experimentação pode rapidamente levar à dependência. Os breves picos de consciência alterada são apenas temporários. O vício não é uma batalha que se vence pela força da vontade consciente, mas um conflito insidioso contra o próprio ser. Se uma droga "se encaixar" em você, aparentando revelar uma verdade interior, ela também pode estar alimentando uma necessidade crescente. Nenhuma droga pode ser dominada intelectualmente ou através do uso contínuo.

Aleister era viciado em heroína e tentou diversas vezes se libertar desse vício. Para uma compreensão mais profunda desse aspecto de sua vida, recomenda-se a leitura da edição de Steve Wilson de *Liber TzBa*. Crowley também era profundamente perturbado por seus desejos por cocaína. Em seus *Diários Mágicos*, escritos sem a intenção de publicação ou de uma ampla divulgação, ele chegou a questionar a própria validade de *O Livro da Lei*, especialmente os versos do capítulo 3, verso 22.

> *Adorai-me, tomai vinho e drogas estranhas, das quais direi ao meu profeta, e embriagai-vos com elas! Não vos causarão nenhum mal. É uma mentira.*

O fato, era que Crowley não poderia admitir que era um viciado, pois isso parecia inconcebível para quem tinha encontrado sua Verdadeira Vontade, muito menos para alguém que era o profeta escolhido da liberdade, onde "a palavra do pecado é restrição". Se você bebesse conhaque fino, se entregasse aos prazeres carnais e cheirasse a cocaína mais pura, e isso fosse parte de sua Verdadeira Vontade, não poderia lhe causar mal. No entanto, na Abadia de Thelema, seu filho de 5 anos acabou se tornando viciado em cigarro. Os devotos chegavam à Abadia saudáveis e saíam como viciados, e não o contrário. Mais tarde, quando a Lei de Drogas Perigosas de 1920 entrou em vigor e a heroína não pôde mais ser comprada nas farmácias, um parente me contou que sua proprietária frequentemente encontrava garrafas de gin vazias por toda a sua residência. Nas cartas para Frieda Harris, sua paranoia em relação a dinheiro e direitos autorais sobre seu trabalho com o Tarô era, segundo ela, agravada pelos episódios de bebedeira. Crowley viveu a vida da heroína, a vida do ópio e a vida da cocaína, como ele mesmo chamava, mas não é necessário se arriscar a se tornar viciado para provar que não é um viciado e confirmar sua Verdadeira Vontade.

Crowley se tornou uma figura mitológica através de seu estilo de vida e ensinamentos. Seu rosto icônico em fotografias e pinturas praticamente o transformou em um arquétipo junguiano. Sua imagem pode nos lembrar do que é possível alcançar em uma única vida. Ele representa algo que falta na religião, algo muito humano de que precisamos. Um Buda renegado, um anti-herói, um profeta gangster em um Cadillac puxado por cisnes, com bochechas rosadas e brincos de ouro. Ele era o filho de Lúcifer, o anjo caído, materializado na Terra. Era Sorath, o espírito do Sol. Aiwass, Set, Shaitan ou Satanás, era o anjo guardião dele próprio, com uma mensagem para toda a humanidade. Crowley acreditava que essa inteligência era um *ipsissimus*, um espírito puro de mais alto nível, em perfeita harmonia com o Universo. Esse era um nível de existência que Crowley afirmou ter alcançado.

Alexander Cabot, autor deste livro, está na vanguarda da Magia Contemporânea. Ele relata ter sido contatado por uma entidade associada a Crowley em seus sonhos e ter estabelecido um diálogo com ela. Até onde sabemos, ninguém nunca alegou ser uma reencarnação da Besta, então, talvez possamos levantar nossa cópia da "Estela da Revelação" e contemplar o retrato coroado da Grande Besta, como fez Jimmy Page no filme *Lucifer Rising*, de Kenneth Anger. Talvez seja a nossa chance de nos conectarmos com ele como uma divindade por direito próprio. Qual é o legado de Crowley, além de sexo, drogas e teatralidades (como lixar os dentes em pontas para dar às mulheres o "beijo da serpente", defecar no chão ou nas escadas das pessoas que considerava ter o ofendido, ou os *curries* insanamente picantes que preparava, tão intensos que as pessoas desmaiavam nas festas)? A influência de Crowley reviveu e moldou toda a tradição mágica ocidental como a conhecemos hoje. No campo da Wicca, os diversos escritos de Gerald Gardner, incluindo seus "Livros das Sombras", sustentam os rituais e princípios da prática moderna e estão profundamente imbuídos e inseparáveis das ideias e influências de Crowley. É uma bela fusão de Thelema e adoração Diânica.

Pegue uma versão inicial do texto conhecido como "A Carga da Deusa", por exemplo:

> *Ouça as palavras da Grande Mãe, que antigamente era chamada entre os homens de Ártemis, Astarte, Diana, Melusine, Cerridwen, Arianrhod, Baich, e por muitos outros nomes... Como sinal de que estais realmente livres, devereis estar nus em vossos rituais, e devereis dançar, cantar, festejar, fazer música e amar, tudo em louvor a mim... Pois meu é o êxtase do espírito e minha é a alegria na Terra, pois Amor é minha Lei, Amor sob a Vontade.*

O satanismo moderno evitou Crowley, em grande parte devido à sua complexidade, e começou a se envolver com o ocultismo nazista. No entanto, acabou abraçando a prática da Magia com sua própria corrente satânica poderosa. A O.T.O. continua a prosperar, assim como muitas outras organizações baseadas na Thelema. O baralho de Tarô, que começou com humildes xilogravuras, evoluiu para o magnífico *Tarô de Thoth*, criado por Crowley no final de sua vida e pintado em detalhes impressionantes por Frieda Harris. É um baralho essencial para leitores de Tarô que muitas vezes não reconhecem suas influências.

Sua imagem e suas ideias aparecem em muitos romances, quadrinhos e filmes contemporâneos, incluindo a recente adaptação para as telonas de *Good Omens*, de Terry Pratchett e Neil Gaiman, que apresenta um demônio chamado "Crowley" trabalhando com um anjo chamado Aziraphale. Nick Hedges produziu A *Tempestade* de Shakespeare para o palco londrino, ambientando-o em Cefalù, com Crowley no papel de Próspero. O aguardado filme de Kenneth Anger sobre a Missa Gnóstica de Crowley promete ser mais uma peça seminal do cinema. Em todo o mundo, nós, ocultistas, temos uma dívida de gratidão ao Mestre Therion.

Crowley, o homem, morreu em 1º de dezembro de 1947. Existem várias versões sobre o momento de sua morte: alguns relatos dizem que ele faleceu chorando, com lágrimas escorrendo pelo rosto, e pronunciou as últimas palavras "Estou perplexo" ou "Estou confuso". Outros mencionam que, em seu leito de morte, Crowley amaldiçoou o médico que lhe negou mais morfina, e o médico faleceu no dia seguinte. Uma versão mais simples é que sua senhoria em Netherwood ouviu um forte estrondo no teto acima dela e, ao subir, encontrou "a Besta" caída e morta no chão.

Tive a sorte de trabalhar em uma entrevista com a última "mulher escarlate" viva, Deidre MacAlpine. Ela, que estava realmente presente, relatou que Crowley entrou em coma após passar um tempo com ela e seu filho, conversando e rindo. Suas últimas palavras conhecidas foram: "Oh, às vezes eu me odeio". No momento em que ele passou da vida para a morte, naquele tranquilo dia de inverno, as cortinas do quarto subitamente se ergueram pela janela aberta e ficaram presas ao teto por um instante. Ela estava convencida de que eram os Deuses que vinham para levá-lo para casa. Libertado da prisão da vida e, assim como a ascensão de Jesus ao Céu, ele realmente se tornou o *ipsissimus*, o homem que escapou do *Samsara* para se transformar no mito que é Aleister Crowley hoje.

Crowley foi cremado em Brighton, numa sexta-feira, 5 de dezembro, com a presença de um pequeno grupo de amigos e admiradores no funeral. O evento causou uma leve indignação nas autoridades locais devido à recitação do "Hino a Pan", uma poderosa invocação ao Deus da Natureza, acompanhada por trechos de *O Livro da Lei*. Esse réquiem gnóstico foi lido por seu amigo, Louis Wilkinson, cuja voz foi transmitida ao vivo na primeira transmissão de televisão do mundo, a partir do Alexander Palace, em Londres. Crowley havia expressado o desejo de ser enterrado no topo da Rocca em Cefalù, ao pé de um penhasco atrás da Boleskine House, ou enterrado na Abadia de Westminster, ou até mesmo de ser mumificado. Seus restos mortais foram, na verdade, perdidos ou possivelmente roubados, e talvez ele tenha recebido, ao menos, um desejo antecipado: "enterrado em um túmulo sem nome".

> *Minha vida tem sido uma dança delirante ao som de uma música enlouquecedora, com a paixão encarnada como minha parceira. Atingi todas as minhas ambições, provei a mim mesmo em todos os pontos, desafiei todos os perigos, desfrutei do êxtase que a vida tem a oferecer. A partir dessa perspectiva iluminada sobre a vida, busquei e encontrei, e então parti em busca daqueles que buscam, para que eles também possam encontrar.*
>
> – Aleister Crowley

Teria sido ele um "falso messias", como seu amigo íntimo Gerald Yorke o chamou? Sem dúvida, Crowley foi um messias profundamente imperfeito, e seus próprios diários revelam que ele estava ciente disso. No entanto, se ainda restam dúvidas sobre sua sinceridade, encerro este artigo com um trecho de sua escrita que reflete o cerne de sua vida e obra. Suas palavras ressoam tão verdadeiras agora, no mundo digital que habitamos, quanto no momento em que foram escritas:

Ninguém pode ser indiferente aos mistérios da vida e da morte. Aqueles que ainda respeitam o pensamento honesto e que não se renderam ao rádio, ao cinema e às manchetes estão destinados a encontrar textos que ajudarão a humanidade, tanto como indivíduos quanto como raça, a substituir a insanidade e a miséria, atualmente o destino da vasta maioria de nós, por sanidade e felicidade.

AMOR É A LEI, AMOR SOB VONTADE.

ARON PARAMOR

Capítulo Quatro

Papa Ache

O mundo quebra a todos, e depois disso, muitos ficam fortes nos lugares onde foram quebrados.

– Ernest Hemingway

A primeira vez que experimentei uma religião africana foi quando eu tinha treze anos. Naquela época, eu era um dos poucos cubanos de ascendência europeia a participar dessa fé. A tradição religiosa específica da diáspora africana era o Palo Monte (um termo que já não é mais utilizado). A palavra "Monte" refere-se à floresta.

Eu tinha um amigo querido, afro-cubano, chamado Raul, que foi exilado da Espanha para os Estados Unidos. Ele começou o primeiro ano comigo na 5ª série e chamou minha atenção porque estava usando roupas brancas, uma promessa feita aos espíritos (Santos da Santeria) para

Eu e Raul Villarreal, Union City,
Nova Jersey, Christmas, 1975

preservar sua saúde. Naquela época, o preconceito racial era comum na cultura cubana. Minha mãe e minha avó expressavam sua visão preconceituosa, mas eu nunca me deixei levar por essas ideias. Sempre enxerguei as pessoas, independentemente da cor, como potencialmente amorosas e maravilhosas. (Vale mencionar, que sempre acreditei que a chave para a evolução da espécie humana é a mistura de uma diversidade máxima – o oposto dos defeitos congênitos que ocorrem quando parentes próximos têm filhos).

Raul e eu nos demos bem imediatamente, e ele logo se tornou um dos meus amigos mais próximos. Pouco tempo depois, fui convidado para ir à casa dele, onde conheci toda a sua família: suas irmãs, irmãos, mãe e pai.

Eu descobri bem cedo que o pai de Raul, René Villarreal, era joalheiro e trabalhava no distrito dos diamantes em Manhattan. Um dia, enquanto estava na casa de Raul, fui informado de que René praticava Palo Mayombe, uma arte originalmente sombria, um tipo de necromancia, que mais tarde foi "cristianizada" para atenuar seu estigma. René precisava cumprir uma missão que havia prometido ao Espírito, sob pena de perder a visão se falhasse. Devido à minha herança mágica, achei essa missão particularmente intrigante. Ele tinha sido encarregado de confeccionar *la prenda de fundamento*, um tipo de caldeirão que abriga o *kiyumba* – fragmentos ósseos ou restos esqueléticos usados para capturar ou escravizar o espírito a quem pertenciam. Com o tempo, esse ritual tornou-se mais ético, envolvendo especificamente ancestrais ou outros espíritos "dispostos".

René conseguiu transportar um amuleto, chamado *macuto* – uma representação de *la ngangas*, contendo o fragmento ósseo de seu padrinho Papa Ache (nome que mais tarde eu também usaria para me referir a René, já que ele se tornou meu padrinho em troca). De volta a Cuba,

René foi sapateiro por um tempo. Naqueles dias, as pessoas costumavam usar sapatos de plataforma. Ele conseguiu escavar o calcanhar de um desses sapatos, criando um compartimento secreto para armazenar o amuleto. Fez isso de forma correta e impecável, permitindo-lhe contrabandear o amuleto para fora de Cuba sem que fosse detectado pela milícia cubana. O amuleto percorreu o caminho de Cuba a Madrid, na Espanha, e depois para os Estados Unidos. René sabia que um dia teria que usar esse amuleto para criar *la prenda de fundamento*.

Fascinado em aprender mais sobre o Palo Mayombe, ouvi com atenção enquanto René me relatava a seguinte história. Em Cuba, na década de 1940, ele me contou sobre o momento em que foi iniciado em seu caminho espiritual. Para compreender isso, é importante notar que ele era um de dois gêmeos idênticos. Um dia, em sua juventude, enquanto brincava, dois Padres de Santeria (Lucumi) o escolheram para um ritual, acreditando que ele, como gêmeo idêntico, possuía imenso poder mágico. Os Padres desejavam usar René para ajudar um homem espiritualmente debilitado, que era um Santero. Na época, René não sabia que o preço para consentir em realizar esse ritual seria tão alto. Quando os Padres lhe disseram que precisavam que ele realizasse esse trabalho e que o pagariam por isso, ele concordou em fazê-lo.

Mais tarde naquele dia, René voltou para casa com as poucas moedas que havia recebido. Em pouco tempo, ele começou a se tornar recluso, deprimido e fisicamente doente. Conhecedora de Santeria, sua mãe decidiu levá-lo à floresta para consultar um Chefe Sacerdote (Padre en Nganga) chamado "Papa Ache", que morava em um "barracão", uma estrutura em forma de cruz equilátera para simbolizar os quatro quadrantes, com quatro entradas.

O centro do barracão servia como área de convivência e local de trabalhos espirituais de Papa Ache. Havia um pequeno buraco na parte inferior da porta do lado norte do barracão. Quando a mãe de René bateu na porta, uma cobra emergiu do buraco, enrolando-se ao redor dos pés dos convidados antes de se desenrolar e retornar ao interior. (O segredo era manter a calma durante esse ritual). Essa ação da cobra funcionava como uma forma de limpeza ritualística que precisava ocorrer antes da entrada no barracão. Alguns momentos depois de a cobra desaparecer de volta pelo buraco, a porta se abriu ligeiramente e Papa Ache permitiu que René e sua mãe entrassem no barracão e avançassem até o centro da estrutura. Papa Ache, através de sua divinação, revelou à mãe de René o que estava errado com seu filho e como isso aconteceu.

Um ritual precisava ser realizado para salvar a vida de René. Sua mãe concordou em seguir adiante com o rito, conforme sugerido por Papa Ache. Após a conclusão do trabalho, René conseguiu regurgitar uma massa de cabelo, cheia de escuridão, de seu estômago. Foi um fenômeno notável! A partir daquele momento, René começou a se sentir melhor. Sem saber, ele estava prestes a herdar o legado de seu padrinho, Papa Ache, e aprenderia a prática tradicional mágica de uma religião africana.

Palo Mayombe é uma religião da diáspora africana (originária do Congo) que lida com práticas de necromancia. No início, o Palo era uma prática altamente controversa e perigosa. No entanto, com o tempo, tornou-se mais ortodoxo e passou a servir para o bem de todos. Isso foi comprovado, pois a vida de René foi salva por essa prática. Para entender o motivo, é necessário saber que os espíritos do Palo Mayombe são aqueles que lidam com a natureza (semelhantes aos espíritos invocados na Santeria). Esses espíritos trabalham em frequências vibracionais mais baixas, mas são naturais e podem ser bastante úteis.

Quando René completou sua formação e iniciação, já era um adulto maduro. Foi nesse período que passou a trabalhar na propriedade de Ernest Hemingway, assumindo os papéis de mordomo, amigo e assistente do escritor (seu *hijo* cubano). Embora muitas universidades ensinem que Hemingway era ateu e um existencialista convicto, na verdade, ele era um praticante iniciado de Palo Mayombe. Na propriedade de Hemingway, ocorria frequentemente encontros secretos de praticantes dessa religião.

René era casado com uma notável mulher afro-cubana, que frequentemente o acompanhava na propriedade de Hemingway. As experiências compartilhadas com o escritor foram registradas por René e Raul Villarreal no livro *Hemingway's Cuban Son: Reflections on the Writer by His Long Time Majordomo* (Kent State University Press, 2011).

Quando René conseguiu recuperar o fragmento ósseo mencionado, ele deixou a propriedade e Cuba para trás, porque não queria que sua família fosse criada sob a doutrina comunista de Castro.

Fui o primeiro e mais jovem afilhado de René em sua prática nos Estados Unidos. Quando eu tinha treze anos, ele me iniciou no Palo Mayombe. Ele fez um "registro" espiritual para mim. Houve três energias que vieram para me reivindicar no registro. (O número três é mercurial e frequentemente aparece em vários lugares dentro das leituras da diáspora africana). Mas apenas uma veio para usar sua coroa para mim. A primeira foi Mama Centella (Remolino Quatro Viento, equivalente a Oyá, que se traduz como "os quatro ventos giratórios"). A segunda foi Mama Chola, equivalente a Oxum. A terceira foi Mama Kalunga, equivalente a Yemanjá, Orixá das profundezas oceânicas de acordo com algumas lendas, e do cemitério em algumas histórias mais antigas. Mama Kalunga foi a que usou sua coroa para mim, reivindicando-me como seu filho.

René fez dois amuletos para mim: *el collar de bandera* ("o colar dos Deuses"), e um garabato, um cetro esculpido por suas mãos talentosas. O cetro exibia as cores e o rosto do espírito Nkuyo Malongo, equivalente a Elegua na Santeria.

Ocasionalmente, ele realizava rituais na sala onde a *prenda de fundamento* era guardada. O caldeirão, que continha o espírito, estava sobre uma prancha equipada com rodas, coberta com solo de várias regiões. (Para ser autêntico, tinha que estar sobre a terra). Vários sacrifícios eram feitos, e os animais eram consumidos. O elemento sangue é muito poderoso na Magia. As pessoas tendem a ter a concepção errônea de que a Magia com sangue é maligna, mas os animais são consumidos e o sangue é considerado sagrado, não muito diferente dos sacrifícios de animais dos primeiros israelitas. Este é um processo mais íntimo e cuidadoso do que o massacre indiscriminado de animais para as indústrias alimentícias hoje em dia, e a carne é muito mais segura para consumir, como é o caso das carnes *kosher* ou *halal*. O sangue é usado como uma força energética. Outros itens dos animais também são usados. *La visoras* (órgãos animais) são empregados em trabalhos espirituais. Por exemplo, as peles de cabras são usadas para criar tambores.

Por volta do final da década de 1970, a família Villarreal abriu uma "botânica" local (loja de ocultismo hispânica). Eles vendiam ervas medicinais e produtos religiosos. (Esse tipo de loja é bastante comum em comunidades hispânicas ou latinas). A loja se chamava Papa Ache. Era um armazém de esquina, que estava posicionado de tal forma, que dava vista aos quatro cantos da rua. A esposa de René era frequentemente vista atrás do balcão, vendendo os produtos. Toda a família revezava-se para cuidar da loja. Até eu ajudava, pois vivia por lá com muita frequência. Eu realmente os amava, a loja e a família!

Muitas vezes nos reuníamos na loja Papa Ache para termos experiências espirituais. Isso acontecia no *cuarto de la prenda*, a sala de consulta (onde René mantinha *la prenda de fundamento*). Era nessa sala que René realizava a adivinhação e via seu *Mpaka en Nganga*, um chifre repleto de segredos, feito dos cornos de um touro, antílope ou cabra, cheio de ervas, minerais e terra de vários locais. O *Mpaka en Nganga* era usado para adivinhação ou para aprisionar e/ou compelir um espírito. Um ponto interessante é que era proibido para uma mulher entrar naquela sala enquanto estivesse menstruada, pois suas poderosas energias femininas poderiam sobrecarregar o ambiente energético masculino. René frequentemente limpava toda a loja, incluindo a sala de consulta, com fumaça de charuto ou um galo vivo.

Lembro-me de sessões no *cuarto de la prenda,* onde o Espírito falava comigo através de René. Ele sempre me confortava, dizendo que eu era um bom aluno. Aos treze anos, o Espírito me revelou uma mensagem profunda que se mostrou verdadeira. Ele disse que eu passaria por uma mudança repentina em minha vida e previu que, mais tarde, eu estaria trabalhando em uma sala de operações. Hoje, minha profissão é na área de Serviços Cirúrgicos.

René, a quem eu chamava de "Papa Ache" por respeito, ensinou-me certos modos do Espírito. Um desses modos era como invocar na língua nativa do Congo. Eu queria que ele fizesse para mim uma representação tradicional de Nkuyo Malongo. Então, trouxe um recipiente de concreto, comprado em uma loja, para que Elegua pudesse habitá-lo. Ele me perguntou se minha mãe permitiria que eu tivesse um. Mesmo sabendo que ela não tinha (e não teria) me dado permissão, eu disse a Papa Ache que ela havia consentido. Ao perceber que eu estava mentindo, o Espírito balançou a cabeça, e Papa Ache ficou furioso. Foi a primeira vez que ele se zangou comigo, que eu me lembre.

Certo dia, ouvindo as palavras de Papa Ache, lembro-me de ele ter encantado meu jovem coração com histórias sobre uma ordem secreta chamada "Arará". Esse grupo clandestino de Ngangas/Paleros (Sacerdotes da Tradição Congo) era formado por homens que utilizavam a necromancia em um local secreto para lutar contra a escravidão. Eles buscavam a liberdade, e seus trabalhos espirituais certamente contribuíram para essa causa.

Raul Villarreal, Alida Montenegro (minha mãe), e eu.

Meu pai, que não estava familiarizado com a família Villarreal e seus costumes, estava preocupado com meu bem-estar. Na época, meus pais estavam se divorciando e eu passava mais tempo com os Villarreal do que com minha própria família biológica. Um dia, meu pai foi à loja na esperança de me ver, mas eu não estava lá. Papa Ache cumprimentou-o e começaram a conversar. Ele expressou suas preocupações, e Papa Ache respondeu: "Alexander está bem protegido. Nenhum mal lhe acontecerá. Seu nome está dentro do caldeirão. Ele é um dos meus". Aliviado, meu pai ficou contente ao saber que eu estava seguro.

No fim, meu pai acabou aceitando minha ligação com a família Villarreal. Minha mãe, no entanto, não ficou satisfeita, devido ao seu preconceito racial. Aprendi que a vida tende a moldar e mudar nossos caminhos. Assim, contra minha vontade, fui forçado a me afastar deles e da minha mãe. Ainda adolescente, mudei-me para Miami, onde passei dois anos. Meu coração estava partido, pois tinha um grande amor pelos Villarreal. Felizmente, graças à tecnologia moderna, consegui me reconectar com Raul.

Em 2003, reativei meu contato com Raul através do classmates.com. Quando nos reunimos, descobri que o *loft* onde ele morava com sua esposa cubano-americana e seu estúdio de artista era o mesmo local da antiga grande Loja de Maçonaria que minha família e eu frequentávamos na minha juventude. Que mundo pequeno! Mais tarde, soube que ele teve que vendê-lo para a cidade devido à doutrina de expropriação.

Ficamos animados em nos reconectar! Ele me convidou para ir à sua nova casa, ironicamente, localizada a apenas alguns quarteirões de onde eu morava. Em um momento durante a visita, Raul exclamou: "Uau! Eu tive uma epifania.

Agora eu sei a quem pertence esse esboço." Perplexo, eu disse: "Que esboço?" Raul então foi buscar o desenho que havia feito. Quando eu vi, fiquei espantado! O retrato apresentava a mesma entidade que havia se manifestado para mim anos antes como um de meus mentores. Essa mentora era uma noviça, uma postulante que deveria se tornar freira, mas que morreu ainda jovem. No esboço de Raul, ela estava segurando uma pomba branca. Quando minha mentora se manifestou para mim pela primeira vez, ela havia se transformado em uma pomba branca. Raul me contou que ele criou esse esboço anos antes. Na época, ele sabia que tinha que entregá-lo a alguém, mas não sabia a quem até eu aparecer naquele dia para uma visita. Fiquei tocado pela Deusa que usaria meu querido amigo para fazer isso por mim! Raul então pegou o esboço e o dedicou a mim com as seguintes palavras:

Para mi hermano, la vida, la sangre, mi hermano. Raul.

Capítulo Cinco

Espiritualismo

O mundo ainda não está preparado para entender a filosofia das Ciências Ocultas – deixe-os assegurarem-se, antes de tudo, de que existem seres em um mundo invisível, sejam espíritos dos mortos ou elementais; e que há poderes ocultos no homem, capazes de torná-lo um Deus na Terra.

– H.P. Blavatsky

No século 19, os Estados Unidos vivenciaram movimentos espirituais significativos. O Reavivamento em Tendas ganhou força no início dos anos 1800, impulsionado pelos esforços dos primeiros metodistas do século 18, como John Wesley e George Whitefield. Isso incentivou os cristãos a se concentrarem em sua salvação e vidas espirituais, distantes da Igreja Católica tradicional e da Igreja Anglicana. Muitas denominações protestantes surgiram naquela época, em um período conhecido como "o Segundo Grande Despertar". Em meados dos anos 1800, o interior do estado de Nova York se tornou o berço de movimentos como o Mormonismo (década de 1820) e o Espiritualismo (década de 1840).

As Irmãs Fox (Kate, Leah e Maggie) são consideradas as fundadoras do Espiritualismo em sua casa no interior de Nova York. Elas afirmavam que, ao pedirem aos espíritos dos mortos que se manifestassem, os espíritos respondiam batendo nas paredes e no teto. Através dessas comunicações, as irmãs desenvolveram um sistema de linguagem em código Morse para interagir com os mortos. Por exemplo, para uma pergunta de "sim ou não", o espírito respondia com um único golpe para "sim" e dois golpes para "não".

Andrew Jackson Davis, um renomado vidente e acadêmico, ensinava sobre as frequências com que os espíritos se comunicam com outros corpos durante a vida e entre si em dimensões superiores. Davis é considerado uma espécie de "João Batista" do movimento, aquele que ajudou a abrir caminho para o Espiritualismo. Ele ficou fascinado pelas Irmãs Fox e sua comunicação energética com os espíritos do além, convidando-as, então, para sua casa para demonstrar suas habilidades mediúnicas.

As Irmãs Fox começaram a realizar demonstrações mediúnicas para o público. Muitos cristãos, familiarizados com o Segundo Grande Despertar, tornaram-se receptivos ao Espiritualismo, pois isso lhes oferecia um senso de controle sobre seus próprios espíritos e o destino após a morte. Sessões espíritas começaram a surgir em casas por todo o país, e muitos não viam problema em praticar o Cristianismo e o Espiritualismo ao mesmo tempo.

Dois desses cristãos espiritualistas eram o famoso Sir Arthur Conan Doyle, autor das histórias de Sherlock Holmes para a revista *The Strand,* e sua segunda esposa, Jean Doyle.

Sir Arthur tornou-se um ávido defensor do movimento após estudar o Espiritualismo por quase três décadas. Jean desenvolveu a habilidade da escrita automática, um processo em que um médium é capaz de transcrever as palavras dos falecidos, permitindo que o espírito mova sua mão para escrever. Os Doyles buscaram amplo apoio para demonstrar a veracidade do Espiritualismo, apesar das alegações de muitos de que se tratava apenas de uma fraude. Sem dúvida, havia charlatães que inclinavam mesas e utilizavam cúmplices para bater nas paredes, o que alimentava ainda mais o ceticismo.

Uma das pessoas que acreditava firmemente que o movimento espiritualista estava cheio de nada além de charlatães era o famoso mágico de palco, Harry Houdini. Nascido Erik Weisz e mais tarde conhecido como Harry Weiss, Houdini era um homem bem versado na arte da decepção, sendo um ilusionista talentoso e extraordinário artista de fuga.

Sua carreira baseava-se em convencer o público de que seus atos mágicos incríveis envolviam magia real. Muitos acreditavam que ele realmente utilizava o sobrenatural para realizar seus truques (incluindo seu famoso ato de desaparecimento de elefante). Durante um truque perigoso na água, algo deu errado e Harry quase morreu. No entanto, o espírito de sua mãe surgiu em seu momento de necessidade, falou com ele e, finalmente, o ajudou a escapar do que teria sido uma morte certa. Após o incidente, Houdini tentou novamente entrar em contato com sua mãe, buscando a ajuda de qualquer espiritualista que pudesse encontrar. Para sua decepção, esse contato nunca ocorreu. Em vez disso, ele expôs diversos charlatães e desmascarou suas falsas alegações de comunicação com o além. Esses eventos levaram Houdini a se dedicar a expor vigaristas, convencido de que todos os espiritualistas eram fraudulentos. Embora tenha se tornado amigo dos Doyles durante esse período, e eles fossem verdadeiros crédulos ao Espiritualismo, Houdini manteve sua firme convicção de que todos os espiritualistas eram charlatães. Com a ajuda de espiões contratados, ele descobriu que muitos espiritualistas usavam métodos de inclinação de mesa, máquinas de fumaça e o poder da sugestão para enganar as pessoas, fazendo-as acreditar que realmente estavam se comunicando com seus entes queridos falecidos.

Muitos associam o nome Allan Kardec ao Espiritismo, um ramo do Espiritualismo, e ele é frequentemente creditado como o fundador dessa corrente. Em *A Gênese Segundo o Espiritismo*, Kardec define o Espiritismo como "uma ciência que trata da natureza, origem e destino dos espíritos, e sua relação com o mundo corpóreo". Allan Kardec era o pseudônimo de Hippolyte Léon Denizard Rivail, um acadêmico francês que atuava como educador, tradutor e escritor. Embora nascido católico, Rivail se viu fascinado pelo movimento espiritualista que emergia por volta dos anos 1850. Como homem de ciência, ele decidiu tentar se comunicar com os espíritos e estabeleceu contato com "Verdade," o nome dado ao Espírito. Em 1857, Allan Kardec publicou *O Livro dos Espíritos*, no qual os leitores ficaram maravilhados com as respostas fornecidas por "Verdade" sobre os espíritos e o reino espiritual.

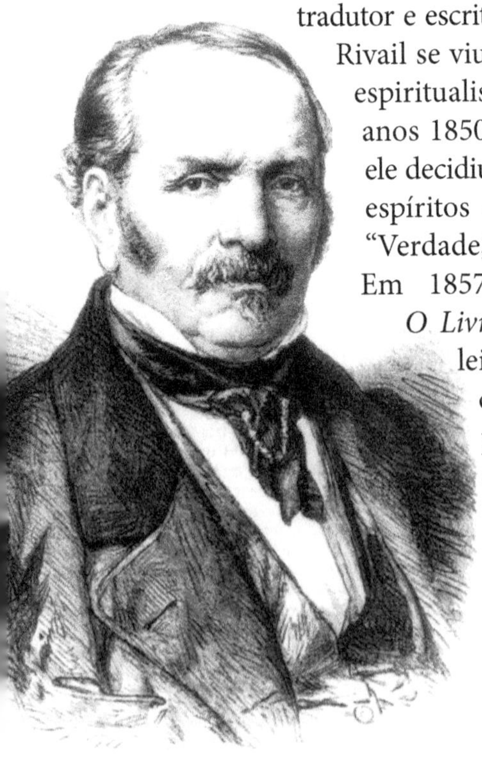

Allan Kardec (*de L'Illustration magazine*, 1869)

O legado espírita de Rivail chegou à Espanha, onde uma mulher chamada Amalia Domingo Soler residia. Amplamente reconhecida no movimento espírita espanhol, Amalia, apesar de enfrentar limitações em sua visão, conseguiu escrever *A Revelação* na cidade de Alicante e, mais tarde, escreveu também *A Fé Espírita*. Os espíritas espanhóis a acolheram, integrando-a em suas reuniões. Em uma dessas ocasiões, Soler recitou com grande emoção seu poema "À Memória de Allan Kardec".

Na década de 1870, Helena Blavatsky, conhecida por muitos como "Madame Blavatsky", ganhou notoriedade. Diferentemente do Espiritualismo convencional, Blavatsky acreditava que os médiuns não estavam em contato com os mortos, mas com ecos dos falecidos ou elementais. Embora fosse acusada por alguns de ser uma fraude, sua prática mediúnica e suas ideias inovadoras atraíram um grande número de seguidores.

Em 1875, Blavatsky teve um ano marcante ao fundar, ao lado de Olcott e William Quan Judge, a Sociedade Teosófica. Esta organização surgiu como uma extensão do Espiritualismo, integrando filosofia, ciência e religião. Dois anos depois, Blavatsky publicou *Ísis sem Véu,* uma obra que expunha seu sistema de crenças teosóficas e sua relação com o Sofismo, uma corrente também apreciada por Albert Einstein. O Sofismo se refere à "Senhora Sophia", também conhecida como "Senhora da Sabedoria". Com origens na mitologia grega antiga, Sophia acabou sendo associada à sabedoria hermética e à "Senhora Sabedoria" mencionada pelo Rei Salomão no *Livro dos Provérbios* e no *Livro da Sabedoria.*

Para os cristãos tradicionais, o Espiritualismo era visto como maligno. A mediunidade era considerada como uma forma de contato com demônios, não com espíritos de entes queridos falecidos. Até mesmo a ciência da época atacava o Espiritualismo, com a revista *Scientific American* chamando as Irmãs Fox de "Batedoras Espirituais de Rochester".

Apesar da oposição, o Espiritualismo prosperou! No final do século 19, havia cerca de 8 milhões de praticantes e centenas de igrejas e templos espiritualistas. Um dos locais mais famosos relacionados ao Espiritualismo está em Pomfret, Nova York: Lily Dale. Este local é um ponto de peregrinação para aqueles interessados no Espiritualismo, no oculto e no paranormal. É uma espécie de meca do ocultismo, oferecendo workshops, apresentações, lojas e eventos com leitores, médiuns e outros praticantes. Lily Dale orgulha-se de ser um centro histórico do movimento espiritualista, com uma longa tradição que remonta aos anos 1800. Fundada em 1879 como um acampamento e local de encontro para espiritualistas e livres-pensadores, sua cultura é profundamente enraizada no movimento.

Vejo o Espiritualismo como o núcleo da nossa compreensão fundamental sobre a natureza da existência neste plano. Uma prática que nos ajuda a relacionar esta vida com a próxima, ensinando que o Universo é constituído pela transmutação da consciência em matéria, de alma para corpo. O Espiritualismo forneceu a base necessária para seguir qualquer outra escola de mistérios ou tradição. Minha busca por essas doutrinas confirmou a previsão de minha avó de que eu encontraria as respostas que procurava em meu próprio caminho espiritual.

Minha Introdução ao Espiritualismo

Desde muito cedo, pouco antes de começar a escola primária, fui exposto a um Espiritismo que era muito pluralizado por natureza, ou seja, adaptado a um novo contexto cultural ou linguístico. Eu o chamava de "Mesa

Branca Crioula". Esta era a minha maneira de diferenciar a *Mesa Blanca* tradicional (traduzida como "Mesa Branca", referindo-se a um tipo de altar usado por espiritualistas) da nossa versão adaptada. Para mim, o termo espanhol *criolla* ou *criollo* refere-se a um caldeirão de culturas e idiomas. O Espiritismo cubano é uma fusão com a diáspora africana. É equivalente à Umbanda, uma fé sincrética que começou no século 19, mesclando elementos do catolicismo brasileiro com os Orixás. Há uma frase comum nos ensinamentos tradicionais do Lucumi cubano: *Ire ilese ocha,* que significa, "As bênçãos virão aos pés do Orixá."

A cultura esotérica de Cuba segue uma ordem cronológica de Iniciação, onde cada etapa é um rito de passagem para os integrantes da diáspora africana. O primeiro passo é o Palo Mayombe, seguido pelo Espiritismo, e, finalmente, pela Santeria/Lucumi. A ordem estabelecida visa primeiro conectar os iniciantes aos ancestrais e outros espíritos, ajudando-os a desenvolver suas faculdades psíquicas, para depois integrá-los aos seus Eus Superiores e outros seres elevados. Embora eu não estivesse ciente dessa sequência prescrita de Iniciação, minhas circunstâncias permitiram que eu a seguisse exatamente nessa ordem, sob a orientação dos espíritos. Fiquei fascinado ao descobrir isso.

Os espiritualistas cubanos crioulos estudaram as obras do evangelho de Allan Kardec. A primeira foi *O Livro dos Espíritos,* a segunda foi *O Livro dos Médiuns,* e a terceira foi *O Evangelho Segundo o Espiritismo.*

Meus bisavós e minha avó vivenciaram as batidas nas mesas, os médiuns e as reuniões dos grupos psíquicos. O Espiritismo Crioulo Cubano era tolerado devido à sua popularidade, mas não era aceito ou endossado pela Igreja Católica, pois não fazia parte de seus ensinamentos oficiais.

Bóveda

Havia diversas correntes de pensamento e métodos de prática no Espiritualismo em Cuba. Algumas pessoas trabalhavam formando um círculo. O altar do Espiritualismo Crioulo Cubano com o qual fui criado era montado com copos d'água, considerados uma força espiritual por várias razões, incluindo seu estado etéreo em forma de evaporação. Essa conexão estava presente para nós, pois a evaporação da água funciona como uma ponte que nos liga ao reino espiritual. A água é frequentemente usada como ferramenta de adivinhação na prática de vidência. Para nós, copas tradicionais, ou taças de conhaque, eram usadas para representar a *bóveda* (que significa "câmara", "umidade" ou "cripta"). A disposição dos copos de conhaque na Mesa Branca é muito "crioula", pois é infundida com a diáspora africana. Se forem usadas sete copas, elas representam as Sete Potências Africanas. No entanto, se forem usadas nove copas, elas representam Oyá, Orixá que governa o cemitério, referindo-se, portanto, aos espíritos dos mortos. Primeiro, o copo do Santíssimo é preenchido com água, seguido pelo enchimento dos outros copos. Isso me lembra a *Menorá* judaica, na qual o *Shammash*, a vela central associada à *Shekinah*, é acesa primeiro, seguida pelas outras oito velas. O altar apresentava representações do anjo da guarda e dos guias pessoais. Nele, eram dispostos de sete a nove copos, além de um grande copo de conhaque, que servia como "Santíssimo", o vaso sagrado que representava o Anjo Guardião Primário.

Novena do Anjo (Guardião)

Compañero(a) invisible de mi vida, faro de luz en el mar bravio; que es la existencia. Fiel guardián de los guardianes. Cuando todos se hayen marchado siempre quedaras tu; firme en tu puesto hasta el fin. Queiro despojarme de todas mis impurezas, limpiar mi alma de apetitos y arrojar lejos de mi, mis humanas y muchisimas flaquezas; para asi, padre mio, el alma hecha cristalina, mansa a la vez que vigorosa altidud de montaña, bondad de paloma elevar por ti y para ti a Dios; esta sentida plegaria, para que te de cada ves major luz, que es progreso; y mas misericordia que es premio y es gracia. Compañero(a) invisible de mi vida, juntos hemos recorrer todos el camino en dos planos distintos; "Las Naves," pero marchando siempre hacia un mismo mundo, en espera de nosotros, el mismo Puerto. Yo hago por ti cuando por ti puede aqui hacerse; y tu haces por mi cuanto desde alla, puede Dios para mi lograrse. Hemos sidos, somos y seremos el uno para el otro; naci en tu cuna, y estare a la hora de mi muerte a tu abrigado y protector regazo, y no habrá nada ni nadie, pues es por voluntad divina; que pueda el uno del otro separarnos. Sigue por esos surcos siderales en busca del bien para hacer, de luz para hacer luz; siempre bajo la voluntad de Dios, al que le pido como pan de cada dia, que no te prive ni un solo instante de su Santa Bendcion.

A palavra *novena*, do latim para "nove", refere-se a uma oração devocional especial que é tradicionalmente repetida em nove dias ou nove semanas consecutivas. Aqui está a tradução para o português:

Companheiro(a) invisível da minha vida, farol de luz no mar bravio, que é a existência. Fiel guardião dos guardiões. Quando todos tiverem partido, sempre permanecerás firme em teu posto até o fim. Quero

Santa Barbara e minha bóveda,
West New York, NJ, 1994

despir-me de todas as minhas impurezas, limpar minha alma de apetites prejudiciais e afastar minhas muitas fraquezas humanas; para que, assim, meu pai, a alma, feita cristalina e mansa como a paz, seja majestosa como a altitude das montanhas. Que nossa pura graça seja como uma pomba em voo, para elevar a natureza divina em você. Esta é a oração sincera, para que possamos ver mais luz, que é progresso; e mais misericórdia, o prêmio da graça. Companheiro invisível da minha vida, juntos, percorremos todo o caminho em dois planos distintos, "As Naves", mas sempre marchando em direção ao mesmo mundo, esperando por nós no mesmo Porto. Eu faço por ti o que pode ser feito aqui; e tu fazes por mim o quanto de lá, Deus pode alcançar isso para mim. Temos sido, somos e seremos um para o outro; nasci em teu colo e estarei, na hora da minha morte, em teu abrigo e braço protetor, e nada nem ninguém, pois é por vontade divina, poderá nos separar. Siga pelos caminhos celestiais em busca do bem a ser feito e da luz para iluminar; sempre de acordo com a vontade de Deus, a quem peço, como o pão de cada dia, que não te prive nem por um instante de Sua Santa Bênção.

Aproveitando o tema dos anjos da guarda, gostaria de compartilhar brevemente minha experiência com o meu anjo guardião antes de continuar com minhas memórias do Templo Espírita.

Aos treze anos, tive uma experiência profunda ao encontrar meu anjo guardião pela primeira vez. Eu estava na casa da minha tia-avó em Miami, Flórida, durante as férias de verão. Enquanto me deitava, com a luz ainda acesa, vi meu anjo da guarda parado ao pé da cama. Percebi que ele era um monge com um cajado, exalando uma aura de grande elevação. Inicialmente, pensei que fosse uma divindade africana, mas logo percebi que ele se manifestava deforma caucasiana. Ele era muito alto, lembrando-me da imagem que eu tinha do Pai Tempo. Sua silhueta brilhante era parcialmente visível e parcialmente iluminada, e foi a visão mais bela que já presenciei! Completamente acordado e de olhos bem abertos, não apenas o via, mas também sentia sua presença. Sua energia me transmitiu um profundo sentimento de amor divino e proteção

Guiado pelo Espírito (São Miguel Arcanjo)

Entrei em um pequeno e simples Templo na Union City, em Nova Jersey (o *Havana on the Hudson*, como era chamado) com meu melhor amigo na época, Miguel Angel. O local era um porão adaptado de um prédio de apartamentos, chamado San Cristobal de Jesús, La Luz. Eu tinha apenas 15 anos, e Miguel 16; para nós, aquilo parecia um despertar para uma nova luz. A fundadora do estabelecimento nos recebeu de imediato com uma atitude maternal e acolhedora. Romualda Garcia disse que eu tinha um dom a compartilhar e me assegurou que eu estava no lugar certo. Fui classificado como um "novato" ou "buscador" e apresentado a outros que também eram novos. Ela nos ensinou os protocolos esperados dos recém-chegados. Com o tempo, eu me tornaria um médium espiritual completo naquela congregação. O Espiritismo, na forma como foi me apresentado ali, ressoava comigo. Parecia refletir a minha cultura "Mesa Blanca Creole" de Cuba, um caldeirão de elementos e práticas de todo o mundo. Foi como um retorno ao lar para mim, pois ajudaria a desenvolver meus talentos naturais de maneira produtiva e me daria uma amostra do serviço espiritual.

As reuniões eram lideradas por Romualda. Havia uma caixa de contribuição onde os participantes doavam um dólar cada para cobrir os custos de manutenção, que incluíam incenso tradicional de resina em carvão, ervas (principalmente folhas de louro), flores, Água da Flórida (uma mistura de cítricos e lavanda com colônia e água) e Kolonia 1800. Também era usada uma colônia alemã, 4711, e outra favorita era a Colônia Pompeia.

Aos sábados, realizávamos nossas limpezas. Começávamos à tarde e o trabalho se estendia até a noite. Durante os rituais, os assentos eram organizados de forma específica: o público se sentava em uma fila de cadeiras na parte de trás, enquanto os médiuns ocupavam um círculo de cadeiras ao redor da Mesa Branca. Sempre havia dois médiuns (duas mulheres, ou um homem e uma mulher) posicionados nos cantos leste ou oeste da mesa. No início, eu me sentava com o público, pois ainda era apenas um buscador. A área reservada para os médiuns, um círculo, era isolada do público por um *cordón*, uma corda feita de lenços coloridos amarrados. Esse cordão era desamarrado para permitir que um membro do público tivesse acesso ao círculo. Após a apresentação, o membro do público entrava no círculo, e o cordão era então amarrado novamente.

Um dia, minha madrinha espiritual, Romualda Garcia, decidiu que eu estava pronto para avançar no meu desenvolvimento e me integrar aos médiuns em seu trabalho. Ela me apresentou a uma congregação de aproximadamente 35 médiuns. Lembro-me de me sentir intimidado para mim, aqueles 35 médiuns pareciam uma multidão de 50 a 100 pessoas. Havia jovens adultos e anciãos, e todos foram acolhedores e inspiradores. Naquele dia, os médiuns estavam realizando uma sessão de limpezas espirituais para o público. Eu já estava acostumado a observar os procedimentos das cadeiras de trás, mas a partir daquele momento, passaria a me sentar entre os médiuns. À minha esquerda estava minha madrinha espiritual, e à minha direita, um outro médium, que às vezes era uma mulher e outras vezes um homem. Durante as sessões de limpeza, tratávamos ocasionalmente de perturbações espirituais pessoais, mas geralmente nossa atenção estava voltada para as limpezas programadas para aquele dia. Recordo-me de que o altar estava voltado para o Norte, com copos de conhaque cheios com água, ervas frescas, alume, flores e velas brancas.

Não era necessário incentivo para que eu participasse com frequência das reuniões. Em vez de ir com meus amigos a clubes noturnos em Nova York, preferia dedicar meu tempo, após a escola e nos finais de semana, à congregação. Desejava desenvolver minhas habilidades psíquicas como parte do meu crescimento mediúnico. Era notável que, com tão pouca idade, eu fosse autorizado a ajudar nas limpezas e consultas com clientes – tarefas geralmente reservadas para médiuns adultos. Eu me adaptei facilmente e encontrei grande satisfação em ajudar as pessoas dessa forma.

Dois dias da semana eram dedicados a consultas psíquicas, com prescrições específicas para cada pessoa, orientando-as a criar um altar, praticar meditação, realizar orações (ou feitiços) e fazer banhos especiais. Essa prática regular estabelecia um sistema para analisar obstruções e virtudes espirituais. O processo de desenvolvimento é uma jornada contínua de disciplina e prática ao longo da vida. Toda escola de mistério, incluindo o Espiritismo, possui métodos para se conectar e se tornar consciente de uma consciência superior, que eu sempre associei à nossa alma.

Romualda Garcia foi a principal responsável pelo meu treinamento. Ela acreditava em mim e via que eu tinha uma luz especial, mesmo sendo tão jovem. Romualda era sempre muito precisa em suas sessões (consultas). Ela possuía os dons de clarividência, clariaudiência e clarissenciência. Além disso, era uma Palera, uma Sacerdotisa da mesma Tradição conga à qual fui apresentado anos antes por René. Romualda via em mim o potencial para me tornar quem sou hoje, com reverência e humildade. Ela também previu que eu me tornaria um Sacerdote para o povo. Lembro-me de ela me dizer que me via, no futuro, como um cavalheiro distinto, em um terno, com cabelo grisalho, usando óculos, viajando como um representante especial e hospedando-me em hotéis. Em última análise, Romualda foi responsável por organizar minha bóveda espiritual, ensinando-me a concentrar-me em exercícios meditativos e ajudando-me a construir meu relacionamento com meus guias espirituais e anjo da guarda.

Durante esse processo de desenvolvimento, tive outra visão do anjo da guarda mencionado anteriormente. Romualda estava sempre ao meu lado, guiando-me na jornada meditativa. Encontrei meu anjo da guarda de maneira mais formal neste estado elevado de consciência, um estado de meditação profunda. Nessa visão, vi meu anjo da guarda caminhando com seu cajado em direção a um barco que se assemelhava a uma canoa ou piroga. Ele permaneceu em pé, segurando firmemente seu cajado, enquanto o barco flutuava por um rio ou riacho estreito. Depois, observei-o sair do barco e atravessar para o outro lado. Em seguida, visualizei a noviça (a imagem que Raul havia desenhado para mim) em minha mente.

Sempre estive em contato com entidades religiosas dentro do meu paradigma espiritual. Também sempre soube que eu era uma alma antiga. (Segundo Michael Pendragon, tenho cerca de 250.000 anos. Michael, um astrólogo renomado de Salem, conhecido em todo o estado de Massachusetts, foi um membro original dos Black Doves of Isis, com Laurie Cabot.) Após a visão da noviça, algumas entidades poderosas e de vibração mais elevada se revelaram para mim.

Até hoje sinto falta dessas reuniões espíritas. Elas ofereciam calor, humildade, servidão e desenvolvimento espiritual para todos. Além disso, essa comunidade servia como um refúgio espiritual para os necessitados. Muitas pessoas diferentes procuravam alívio lá, incluindo aquelas de origens hispânica, italiana, irlandesa e alemã. O Espírito sempre trazia resultados precisos para elas, sejam positivos ou não. A verdade prevalecia. Foi extremamente gratificante fazer parte disso! Tinha coração e era tão sincero e gentil.

Certa vez, ajudei um homem divorciado que queria reconquistar a boa vontade de sua esposa. Ela tinha lindos olhos cor de avelã e cabelo negro como azeviche (como Elizabeth Taylor). Tivemos a oportunidade de modelar juntos uma vez no lendário Studio 54 em Nova York, embora ela não fosse uma modelo profissional. Naquela época, eu trabalhava como modelo para a Click Model Management em Manhattan. O homem esperava ter uma chance de reatar o relacionamento, mas tive a honra de auxiliá-los a encontrar uma conclusão saudável para o casamento, que era o que realmente precisavam. Durante esse processo, conheci a família dos dois, ambos cubano-americanos de Summerset, Nova Jersey, e fiz amizade com todos.

Havia uma irmã na família que, segundo seus parentes, sofria de um trauma psicológico que os profissionais psiquiátricos não conseguiam diagnosticar corretamente. Eles me perguntaram se o problema poderia ser espiritual. Eu senti que era o caso e que ela precisava da ajuda do Templo. Com o apoio da comunidade espírita, ela finalmente encontrou o que precisava. Após a primeira sessão no Templo, ela expressou um alívio genuíno e sincero, e sua saúde psicológica foi restaurada. O problema dela era um espírito obsessor – um ser desorientado e sem luz, que estava em limbo e havia se aproximado de sua forte energia virginal. Fiquei satisfeito por ter interpretado corretamente a mensagem do Espírito, levando-a ao Templo, onde foi adequadamente avaliada e limpa pela Grande Mãe. Fico feliz por ter contribuído de maneira tão significativa!

Após uma pausa, retornei ao templo aos dezenove anos. Romualda ficou encantada com meu retorno e afirmou que eu estava pronto para a cerimônia de coroação. Ela destacou que eu estava em sintonia com meu anjo da guarda e meus guias espirituais, que minha capacidade espiritual havia sido aprimorada e que eu havia dominado o trabalho espírita em prol do bem de todos.

Sem me dar conta, o grande dia finalmente chegou. A cerimônia de coroação tem a finalidade de consolidar e formalizar as comissões – *la commisiones* – formadas pelos guias espirituais com os quais se estabelecerá uma colaboração futura. Trata-se de uma formalização do compromisso com esses espíritos. O evento foi realizado com trinta a quarenta médiuns dispostos em um círculo. Eu usava roupas simples e descartáveis durante a cerimônia, mas tinha trajes especiais à disposição, conforme instruído. A cerimônia foi restrita aos que estavam próximos a mim. Todos estavam entusiasmados e impressionados por eu, com apenas dezenove anos, ser o mais jovem a receber essa distinção até aquele momento.

Embora tecnicamente eu já fosse um adulto naquela idade, fui orientado a me sentar no chão em posição de lótus, como uma criança. Romualda iniciou a cerimônia seguindo o protocolo tradicional com orações e novenas. Em seguida, cada médium entrou em um estado elevado de consciência, com as habilidades psíquicas totalmente abertas, buscando visões sobre mim. Cada um registrou suas percepções em papel com lápis. Após essa etapa, cada médium compartilhou comigo o que havia escrito.

Chegara o momento de eu atingir meu próprio estado meditativo de consciência superior. Durante esse processo, todos os meus guias espirituais (desde os de vibrações mais baixas até as mais elevadas) se aproximaram de mim. O último a aparecer foi meu anjo da guarda proeminente. Meus ancestrais e minha irmã (como ela teria sido) também se manifestaram. Esses espíritos importantes se apresentaram conforme necessário, principalmente porque os médiuns haviam criado um portal de Círculo Sagrado. Apenas as entidades com boas intenções foram permitidas no Círculo. Cada ser espiritual me concedeu uma bênção de poder superior ao se manifestar. Foi uma ocasião verdadeiramente alegre!

Na próxima fase da cerimônia, minhas roupas humildes foram rasgadas e destruídas, simbolizando o abandono do passado e um novo começo. Em seguida, fui para um quarto privado, onde vesti o traje de celebração, representando o novo início com elegância para a minha coroação. Muitas limpezas acompanhadas de cânticos foram realizadas naquele momento. Os médiuns formaram uma piscina vibracional unificada, elevando habilmente as vibrações enquanto eu permanecia no centro do Círculo. Fui abençoado com o Cone de Poder que me foi oferecido.

Após a cerimônia, alguns médiuns me trouxeram presentes. Em seguida, houve uma celebração com culinária espanhola e cubana. Foi um evento encantador! Através da coroação, uma metáfora para a unificação do paradigma espiritual, alcancei o nível mais alto de iluminação disponível nesta escola de mistério. Esse foi o meu rito final de passagem na comunidade espírita.

Capítulo Seis

Lucumi

Iku lobi Ocha – Sem espírito, não há Santo.
Iré Elese Ocha – As bênçãos virão aos pés do Orixá.

– Alexander Cabot

Àbọ́rú Àbọ́yè Àbọ́ṣíṣẹ.

Tive o privilégio de conhecer e entrevistar o Reverendo Alexander Cabot, Alto Sacerdote na Tradição Cabot de Bruxaria, com minha coapresentadora, Teresa Sliwinski, a Bruxa Eslava, em nosso programa Ancestral Eyes em 2020. Isso pode ser encontrado gravado como Temporada 1, Episódio 26. Ficamos ambos impressionados com o conhecimento do Reverendo Cabot e sua fascinante jornada de vida através de vários sistemas de crenças espirituais, incluindo sistemas afro-cubanos como Palo Mayombe e Regla de Ocha / Ifá / Lucumi. Eu poderia me identificar de muitas maneiras, já que tanto Alexander quanto eu somos filhos de mães cubanas com alguma ascendência francesa. Olhando para a composição das tradições religiosas e espirituais de sua família, vejo muitos paralelos com minha própria jornada espiritual que culminou em minha consagração como Babalaô (Sacerdote de Ifá). Na minha família, também havia maçons, espíritas, paleros (*tatas* e *yayas*), santeros (*iyalorixás* e *babalorixás*) e babalaôs. Ao conhecer Alexander, houve um vínculo espiritual fraterno instantâneo de experiências e tradições compartilhadas.

O que mais se destacou para mim foi a natureza simples, educada e genuína de Alexander, e sua ampla experiência espiritual "na linha de frente", sendo exposto e iniciado em muitas de nossas tradições cubanas. Fiquei honrado quando ele pediu meu endosso e/ou contribuição, e feliz por ajudar a editar e recordar aspectos de uma das tradições religiosas cubanas a que ele pertencia em Nova York, a saber, a "Regla de Ocha" (ou Ifá). Isso nos permitiu relembrar e comparar notas em um espírito de humildade e genuíno interesse acadêmico, para apresentar uma visão geral valiosa e uma compreensão deste sistema de crenças. Suas raízes vêm da Nigéria Ocidental, do povo Iorubá, da República do Benin (Fon-Gbe), Togo (Ewe) e Gana (Ewe/Akan), trazido com os escravos durante o Holocausto Transatlântico de Escravos, sobrevivendo por séculos na vasta diáspora de Cuba, Brasil, EUA, Haiti e outros países, tornando-se, em última análise, o sexto maior sistema de crenças do mundo. Francamente, fiquei fascinado com o fato de ele ter se tornado um Alto Sacerdote na Tradição Cabot, um dever para o qual ele tem um dom espiritual natural, além de uma grande quantidade de história e experiência para se basear. Alexander é bem respeitado e amado por seus colegas Cabots, e é um embaixador e porta-voz digno dessa tradição.

Desejo-lhe todo sucesso nesse esforço literário e em todos os seus empreendimentos futuros. Sou incrivelmente grato ao seu maravilhoso editor pelo interesse e promoção de nossas tradições espirituais e pelo apoio a Alexander.

Muitas bênçãos. *Ire bogbo. Aśe-o.*

Baba Baudry é cofundador e produtor do podcast *Ancestral Eyes*, além de Presidente e cofundador do Conselho Cultural Yorùbá do Canadá. Ele ofereceu detalhes valiosos para o capítulo seguinte, especialmente no que diz respeito a alguns *pataki*.

Sempre defendi que a religião é uma construção humana, originada da nossa interpretação da espiritualidade. Desde cedo, meu ambiente e cultura me imergiram em sistemas religiosos da diáspora africana. Um dos primeiros e mais conhecidos que encontrei foi a Santeria, uma prática espiritual sincrética que tem raízes na palavra espanhola para "santo".

A Santeria combina a fé dos povos Yorubá do sudoeste da Nigéria e do povo Fon/Ewe da atual República do Benin com o Catolicismo Romano, resultado da imposição da Igreja aos africanos escravizados. Por meio do sincretismo, os Yorubás conseguiram preservar suas tradições e expandir sua religião globalmente. Como menino em uma comunidade cubano-americana, com tendências católicas e um histórico familiar ligado à magia, sempre fiquei impressionado com as pessoas identificadas como "Santeros" ou "Santeras". Fiquei fascinado pela prática e estética da tradição da *Santeria* que chamávamos de "Lucumi".

Os Yorubás representavam uma boa porcentagem dos nigerianos capturados e traficados através de Cuba em seu auge financeiro. Cuba era chamada de "a Chave do Golfo", e comerciantes de todos os tipos enchiam seus portos. Havana era o principal centro dessa atividade, pois era a metrópole do Caribe. (Embora algumas narrativas digam que a Igreja ajudou a criar a Santeria, a posição oficial da Igreja Católica é que ela não aprova essa prática.) Alguns dizem que a Santeria se originou na África, devido aos esforços dos monges para criar um meio-termo e ganhar a confiança do povo. No entanto, meu entendimento da história é que ela chegou à América do Norte através da diáspora cubano-africana, primeiro durante a migração de Cuba entre as décadas de 1940 e 1950, e depois em uma segunda onda dos anos 1960 aos anos 1980. Os Orixás são vistos como espíritos abençoados que representam forças deificadas da natureza que englobam os cinco elementos Yorubás: Fogo, Água, Ar, Terra e Metal. Os Orixás são muito semelhantes ao conceito hebraico de anjos, encarregados de certas responsabilidades ou áreas de especialização na vizinhança da terra. A Santeria sincretizou os Orixás com alguns dos Santos católicos (ancestrais humanos que a Igreja declara serem Santos).

A Santeria passou a ser conhecida como *Regla de Ocha* (Regra dos Orixás), quando foi estabelecida em Cuba, e mais tarde foi popularmente conhecida como "Lucumi". Existem diferenças marcantes entre Ifá (a tradição mãe Yorubá) e a Regla de Ocha, mas as ideias centrais permanecem muito semelhantes.

Orúnmila é o oráculo. Ele também é chamado de Ifá, que é o nome da tradição africana original, e como ele fornece as informações para todas as adivinhações, e essas informações são usadas como base para todas as decisões na vida, ele é considerado o cabeça da prática. Sacrifícios prescritos, curas espirituais, remédios e muito mais vêm de Ifá, ou Orúnmila. A Regla de Ocha, uma Tradição mais local que originalmente veio de Ifá, esteve fortemente presente em Cuba por muito tempo, mas eventualmente a Tradição mãe também estava presente.

Houve muita rivalidade entre a Tradição africana original e a Tradição crioula, mais enraizada em Cuba. No entanto, na minha visão, ambas deveriam sempre ter colaborado. Frequentemente, um lado afirmava que deveria ser consultado primeiro, enquanto o outro apresentava uma visão oposta. Muitas vezes, isso resultava em uma verdadeira batalha entre o Oriatê e o Babalaô, entre a Regla de Ocha e Ifá. Eu gostaria que houvesse uma maior harmonia entre essas tradições. Suas práticas são igualmente válidas e fortemente interligadas por sua história compartilhada. Lucumi, o nome crioulo local dado a essa tradição, é um termo originário de Cuba. Fui ensinado pelo meu Oriatê que Lucumi se traduz como "amizade".

Para os praticantes de Lucumi, o Deus católico corresponde ao Orixá conhecido como Olodumaré. Jesus é frequentemente sincretizado com Olofi (Aquele que governa ou possui o palácio), o conduto entre o Céu e a Terra. Em minha visão, Olofi é uma personificação do prana de Deus, ou "energia vital". Na tradição Lucumi, chamamos esse sopro de vida de "Aché". Aprendi com meu Oriatê que existem lendas sobre os Orixás, conhecidas como *Pataki*.

No início

Akamara, uma forma primitiva de Olodumaré, era tudo o que existia no início. Seu espírito ativo, Olofi, sincretizado com o Espírito Santo do Cristianismo, concretizou seus desejos criativos ao formar o Universo. O centro da Terra foi criado com seu próprio espírito, seguido pela vasta massa das águas profundas, personificadas por Olokun. Das profundezas, surgiram as águas superiores e as terras. Yemanjá deu à luz todos os outros Orixás. O primeiro Orixá a tocar a terra foi Oduduwa/Odúwa (pelo menos, é assim que me lembro de ouvir o nome), que em Cuba é considerado por alguns, incluindo meu Oriaté, como um caminho de Obatalá, e foi assim que fui ensinado. Ele é conhecido por ser tão suave quanto o algodão, silencioso e escuro, equilibrando-se entre os vivos e os mortos. Cada material e força natural foi controlado por certos Orixás, a quem foram atribuídas tarefas e domínios específicos. Assim, Olodumaré estabeleceu a ordem. Todas as coisas foram governadas, instruídas e vigiadas. Interagir com a criação e com a própria natureza requer que os seres humanos honrem, respeitem e se comuniquem com esses espíritos.

Elegua foi criado para ser o passado, presente e futuro; ele é o começo e o fim. O guardião, anjo guerreiro e protetor das estradas. Sincretizado com Santo Antônio de Pádua e com Santo Niño de Atocha (uma imagem de Cristo menino de Toledo, Espanha), Elegua deve ser colocado com todos os outros Orixás para honrá-los. Ele foi associado a um coco, porque Olodumaré lhe disse: "Você será como o coco, sujo por fora e limpo por dentro". Seu equivalente Yorubá é Eshu ou Exu. Um caminho de Elegua, o mais jovem, é Exu Alaroye. Esse avatar fica atrás da porta de todo praticante para guardá-la. Às vezes, uma representação de sua cabeça é colocada na porta. Ele é um guerreiro/guardião dos lares, e vem à Terra para brincar com as crianças, fazendo truques nas encruzilhadas. Está relacionado ao dinheiro e à sorte financeira, apostas e jogos de azar. Vários caminhos de Exu também supervisionam os mortos e a comunicação com eles, além de ser um mensageiro para as poderosas *Iyami Osooronga* (grandes mães, consideradas as Bruxas).

Aqui está um *pataki* compartilhado por um bom amigo meu, que é um Babalaô, sobre dois dos caminhos de Exu, os guardiões do cemitério: Exu Obakaleto e Exu Boru.

> Yemanjá, encarregada do cemitério, deixou Oyá em seu lugar. No entanto, Yemanjá enganou Oyá, deixando-a aprisionada no portão do cemitério e indo viver no mar. Enquanto estava aprisionada, Oyá passou a morar com Obakaleto, o capataz dos Eguns, que lhe prometeu proteção constante. Ele revelou que era um Exu, e que à noite, cuidava dos túmulos, coberto de *mariwô* (folhas de palmeira secas) e com uma lamparina na mão. Durante o dia, ele guardava o portão do cemitério e se alimentava de tudo o que os humanos deixavam na porta da casa de Iku.

Divinação

A adivinhação realizada pelos Babalaôs em Cuba usa a corrente *epuele*, composta por oito sementes de *ikin* e uma corrente de metal. No entanto, para os praticantes de Lucumi, as consultas básicas são feitas com pedaços de casca de coco, onde perguntas simples são respondidas. Para questões mais complexas, especialmente aquelas que envolvem diretamente os Orixás, é utilizada a "Boca do Orixá", um conjunto de 21 búzios. Essas consultas abordam temas como amor, carreira, atividades espirituais e outras áreas importantes da vida. As respostas são obtidas por meio da comunicação com Orunmilá, o guardião do conhecimento oculto.

Orunmilá nem sempre foi o guardião do conhecimento. No início, Ifá (o conhecimento de todas as coisas) foi dado a Xangô. Para resumir, Xangô não gostou da responsabilidade e procurou alguém mais sério para assumir a tarefa com honra. Xangô escolheu Orunmilá, prometendo ajudar caso ele encontrasse dificuldades. Esse legado estabeleceu a tradição de que, sempre que Ifá é concedido a um iniciado, Xangô deve estar presente.

Orunmilá é comparado ao espírito da Sabedoria do Rei Salomão. Foi ele quem trabalhou com Obatalá, o pai e chefe de todos os Orixás, que veste e emana a cor branca, para criar um solo firme na Terra. Logo depois, Olofi incumbiu Obatalá de moldar os seres humanos, homens e mulheres, a partir do barro. Olofi orientou Obatalá a deixar as figuras de barro no chão para que o sol as secasse.

Os praticantes de Lucumi reverenciam São Francisco de Assis como equivalente ao Orixá Orunmilá. Em seu livro *Santeria: The Religion,* Migene González-Wippler observa que "o dia de Orunmilá é celebrado em 4 de outubro, o mesmo dia de São Francisco na Igreja Católica. Nesse dia, os 'afilhados' do Babalaô, aqueles que receberam Iniciações dele, vão à sua casa para prestar suas homenagens a Orunmilá. Eles devem levar dois cocos, um nome, duas velas brancas e uma oferta de $1,05 ou qualquer valor que desejem contribuir."

Minha dança com outros Orixás importantes

Olokun, embora às vezes retratado como uma sereia, é uma entidade cujo verdadeiro aspecto permanece um mistério (frequentemente sendo considerado como hermafrodita). Representando as profundezas do abismo e os mistérios mais insondáveis, Olokun personifica as profundezas do oceano. De Olokun, surge Yemanjá, que emerge nas superfícies das águas e dá à luz todos os outros Orixás. Yemanjá é sincretizada com *La Virgen de Regla* (uma das formas da Virgem Maria), e está ligada ao Rio Ogun. Gosto de honrá-la com a saudação *Omio* Yemanjá. Seu dia festivo é 7 de setembro, e ela é fortemente associada ao número sete.

Ayagunna é significativo para mim, pois representa um caminho específico de Obatalá, ou avatar. Ele não é muito conhecido, veste-se de branco com uma faixa vermelha e empunha uma cimitarra árabe. Por essa razão, é algumas vezes confundido com Xangô, que também carrega essas cores. O *pataki* de Ayagunna narra que ele é o avatar mais jovem de Obatalá. Ele serve como guia e pai para mim, nas visões que tive, eu o vejo frequentemente trajando roupas tradicionais árabes e montado em um imponente garanhão branco. Ayagunna é um guerreiro elegante da natureza, visualmente imponente e cheio de poder. Ele é reverenciado por ter disseminado a pólvora pelo mundo, cumprindo as ordens de Olodumaré. Em uma de suas aparições para mim, ele se apresentou como Ayagunna Leibo, que significa "cão feroz", explicando que é o guerreiro do Universo, responsável por fazer cumprir as leis de Olofi. Ele é conhecido por dizer: "Pai, sem conflito, não há progresso". Da mesma forma, muitos dizem: "Sem guerra, não há paz". Embora Obatalá seja famoso por sua serenidade e paciência, até mesmo ele tem seus limites. Quando percebe que pedir gentilmente e orientar as pessoas a seguirem as leis de Olofi não surte efeito, Ayagunna intervém com firmeza, impondo a paz através de ações militares rápidas e decisivas, sempre que necessário.

Minha primeira experiência com o caminho de Obatalá, Ayagunna, foi em uma cerimônia de tambor chamada Tambor de Fundamento. Na tradição Lucumi, existem dois tipos principais de tambores sagrados: o *güiro* e o tambor de fundamento, sendo este último considerado o mais sagrado para os Orixás. Os tocadores de tambor pertencem a uma fraternidade especial, com seus próprios rituais de passagem. Eles consagram seus tambores, realizando ritos sagrados e secretos que infundem nos instrumentos espíritos vivos, que habitam dentro deles. Isso aconteceu na Union City, Nova Jersey, durante a celebração do aniversário de Iniciação de alguém, com um grupo de Santeros e Santeras. Havia um forte senso de comunidade no ar. Cada pessoa desempenhava um papel, seja depenando um pássaro ou decorando o espaço, todos contribuindo com suas energias para o evento. Começamos com o costumeiro Oro a Eggún, um ritual para honrar os espíritos de nossos ancestrais, que marca o início das festividades. Esses espíritos podem ser de parentes de sangue ou de pessoas com quem tínhamos uma conexão forte, como se fossem família, ou uma ligação espiritual profunda. Em seguida, sacrificamos um javali, removendo sua cabeça e limpando-o adequadamente para usá-lo na preparação de um *consommé*, que serviu de base para um ensopado chamado *ajiaco* cubano. Depois, adicionamos muitos vegetais e amidos, criando um prato tradicional delicioso para apreciarmos mais tarde. Cascarilla, feita a partir de cascas de ovos expostas ao sol e depois pulverizadas, foi usada para demarcar o chão em uma área semicircular ao redor do altar especial que havíamos montado. O ambiente estava grandioso, e as energias pareciam dançar no ar conforme mergulhávamos mais intensamente no ritual. Vários versos foram recitados e, sob a orientação de um Oriaté, realizamos juntos várias invocações. Uma vez iniciadas, as festividades prosseguiram. Enquanto nos dirigíamos para o Grande Salão, vimos que três tocadores de tambor estavam presentes; os dançarinos se curvavam em reverência ao espírito do tambor, chamado *aña*, beijando-os antes de iniciar a dança. Naquele momento, pela primeira vez, vi alguém ser "montado" (o que chamamos de "possessão") por Ayagunna, um Oriaté, Chefe Sacerdote Supremo de Lucumi. A dualidade das personalidades se revelava em seus movimentos circulares.

Enquanto estava possuído, o Oriaté parecia abençoar a todos ao redor. Sua dança, ao mesmo tempo graciosa e iluminada, transmitia amor e uma energia intensamente protetora. Ele não estava ali para lutar; seus movimentos, embora poderosos, não eram belicosos, como se poderia esperar, mas estavam em sintonia com as festividades. Durante esse momento, ele abraçou várias pessoas, inclusive eu. Foi uma experiência eletrizante e bela.

Minhas emoções se intensificaram. Senti-me aceito e abençoado. Lembro-me de que seus olhos estavam bem abertos, quase saltando, com as pupilas dilatadas. Era evidente que o espírito havia tomado conta do homem. O comportamento e os movimentos eram completamente diferentes. Eu sabia que o abraço vinha da entidade que o estava “montando”, e não do homem. A emoção não é primitiva; a emoção é divina. Fui tomado por uma emoção intensa e sabia que estava tocando o sagrado. Muitas pessoas confundem emoção com fraqueza, mas é o oposto – a emoção cria a mais poderosa Magia, explode pelo Universo e é a essência de tudo o que existe. Essas experiências especiais de possessão têm um propósito maior do que apenas espalhar bênçãos; elas têm uma função informativa, transmitindo mensagens para aqueles que são convidados.

Certa vez recebi a tarefa de ajudar alguém a receber Babalú Ayé (em Yorubá, Obaluwaiyê). Desi Arnaz popularizou a canção cubana chamada “Babalu”, originalmente escrita por Margarita Lecuona, sobre esse Orixá. Babalú Ayé está associado à cura em todos os seus aspectos, aos idosos e aos enfermos. Recebi um colar especial, com contas marrom e brancas, com listras azuis e detalhes em preto, suas cores. Ele está próximo ao espírito da morte, pois é um curandeiro e cuidador dos idosos, daqueles que estão próximos da morte, e protege os desabrigados. Está associado ao calor, acredita-se que ele causa febres para expulsar doenças, e é sincretizado com São Lázaro, um leproso que foi ressuscitado. Babalú Ayé é frequentemente visto como uma figura debilitada, pois carrega o peso das doenças por toda a humanidade. Realizamos o ritual no calor do dia, em sua honra, e foi tranquilo e sereno. Lembro-me de que nos concentramos completamente no chão, pois ele habita lá, e precisávamos andar devagar. Estávamos dentro do Grande Salão, iluminados apenas por algumas velas pequenas. O ambiente era silencioso e escuro; uma sensação de reverência permeava o espaço. Fui tomado por um sentimento de humildade, bondade e caridade em relação à humanidade.

Um dos Orixás mais importantes sempre foi Oxum, uma Deusa dos Rios, considerada a mais jovem dos Orixás. Oxum Iyalodê, ou "Rainha Oxum", é um título popular para ela. No *pataki* que conheço sobre ela, a Terra estava prestes a ser destruída, conforme uma mensagem enviada por Olofi. Todos os Orixás tentavam alcançar Olodumaré, mas ele não concedia audiência nem ouvia ninguém. Oxum se transformou em um abutre e conseguiu chegar ao trono de Olodumaré. Ela suplicou pela salvação da humanidade, e ele decidiu não destruir o mundo. Apesar de ser a mais jovem entre os Orixás, ela foi honrada como Oxum Iyalodê, "a Rainha. Obá, a verdadeira Senhora do Amor e esposa principal de Xangô, concedeu a Oxum a chave do amor em reconhecimento à sua coragem e devoção. Dessa forma, Oxum foi vista como a sucessora de Obá, a nova Deusa do Amor. Não é de se admirar que ela seja tão importante! Salvadora da humanidade e guardiã do amor, venerada em todo o mundo.

Embora, à primeira vista, seja fácil reconhecer a devoção aos santos (assim como a devoção a Cristo e sua abençoada mãe Maria), é importante notar que a Santeria é uma prática privada e oral, onde a casa de cada Sacerdote ou Sacerdotisa é seu templo. Grande parte do que é praticado envolve rituais que me foram ensinados privadamente. Pouco se escreveu sobre essa tradição, mas a jornada do meu espírito, guiado pela Deusa, percorreu o caminho da Santeria. Alguns dos meus guias espirituais que se revelaram durante minha jornada como Iniciado na Santeria (Lucumi), ainda estão comigo.

Em minha prática pessoal, ofereço sacrifícios de charutos, incenso e outros presentes aos Orixás[12], mas tomo cuidado para não os colocar todos em um só lugar. É importante honrar cada Orixá separadamente, em diferentes áreas (no entanto, há alguns Orixás que podem ser honrados juntos. Notavelmente, Elegua deve ser honrado com todos, pois ele é o guardião das portas). Embora cada Orixá esteja conectado a Olodumaré, nem todos se dão bem. No caso de Yemanjá, ofereço flores e água com anil (um corante azul que obtínhamos de certas plantas da família *Indigofera*). Há muito tempo, as pessoas utilizam esse corante para deixar suas roupas brancas ainda mais brancas. Curiosamente, esse corante e sua história foram trazidos para a América do Norte a partir da África. Em seu livro *Indigo: In Search of the Color That Seduced the World,* Catherine E. McKinley aponta que o tráfico de escravos influenciou significativamente a febre do índigo no século 18. No artigo *The Devil's Blue Dye: Indigo and Slavery,* Jean M. West menciona que o tecido de índigo era tingido por mulheres iorubás. Além disso, no mesmo artigo, é afirmado que o *bluing* (que fazia os tecidos brancos parecerem ainda mais brancos) originou-se do mesmo comércio de índigo.

Quando eu tinha dezesseis anos, um Santero me disse que eu era filho de Yemanjá, porque ele me viu em uma visão. Eu aparecia como um pequeno garoto caucasiano espiando

12 No passado, ofereci sacrifícios de sangue, onde o animal é honrado e depois consumido. No entanto, na minha prática diária, escolho não fazer tais oferendas, a menos que seja absolutamente necessário. O sangue é a essência da vida, e todos nós carregamos essa força vital conosco. O sacrifício de sangue tem sido um componente importante nos trabalhos rituais em quase todas as religiões desde o início dos tempos, até onde sabemos, e isso inclui o Lucumi. Por exemplo, na Bíblia, o sangue é mencionado mais vezes do que a palavra Deus, destacando sua importância.

Meu quadro pessoal de Yemanjá

sob a saia de *La Madama* (uma guia espiritual que tenho e que representa Yemanjá). Agradeci a ele por confirmar que sou filho de Yemanjá.

Agora mesmo estou sentado em meu quarto mágico, olhando para uma imagem incrível de Yemanjá na parede acima do meu altar. Trata-se de uma impressão de uma pintura brasileira. Embora não seja uma imagem cubana, ela é especial porque me foi dada quando eu era ainda um garoto. O Brasil tem suas próprias tradições da diáspora africana, destacando-se o Candomblé e a Umbanda. A pintura original foi feita durante a Era Colonial Portuguesa. O plano original para a pintura era representar Ísis, mas a cultura religiosa afro-brasileira influenciou o pintor, que então a retratou como uma versão caucasiana de Yemanjá. No Brasil, a imagem se tornou extremamente popular, até icônica, como uma representação vívida de Yemanjá. O retrato mostra uma mulher com longos cabelos escuros. Ela está coroada com pérolas e uma estrela-do-mar, veste um longo vestido azul-clarinho, quase fantasmagórico e caminha sobre as águas do oceano à noite. Para os cubanos, a imagem parece remontar ainda mais na história do mundo, às profundezas misteriosas do oceano, Olokun. Para mim, a pintura é uma imagem da minha Deusa, e eu sorrio maravilhado ao contemplá-la regularmente.

Em algumas linhagens em Cuba, um dos caminhos ou avatares de Yemanjá é Nanã Buruku. Sincretizada com Santa Ana, Nanã é considerada a bisavó de todos os Orixás, defensora dos direitos das mulheres, protetora das crianças, salvadora dos abusados, portadora de paz e lutadora por boas causas. Para mim, ela é sabedoria e força, quando estou em sua presença, sinto magia e proteção, como se fosse seu neto. Ela preside sobre os rios, lagoas e pântanos, e está conectada com a Magia da Lua. O *pataki* que me foi contado revela que ela era confrontadora e até abusiva com Ogun, seu marido arranjado. No entanto, há uma outra história que apresenta uma versão diferente: após se separar de Ogun, ele retira todos os metais dela, dizendo: "Enquanto a terra estiver viva, você usará madeira. Eu extraio de você todo o metal." A partir de então, ela teve que utilizar apenas facas de bambu e outros utensílios não metálicos, e seus devotos eram proibidos de usar metal em seus ritos. Alguns acreditam que Nanã Buruku foi responsável pela origem do ciclo menstrual nas mulheres, com o propósito de purificar seus vasos sagrados. Os sacrifícios de sangue realizados em sua homenagem são feitos com a compreensão de que ela consome o espírito do animal, enquanto o sangue é deixado para retornar à terra. Ela deve ser recebida com Babalu Aye.

Caminho para o Sacerdócio

Aos vinte e três anos, quando *La Madama* manifestou-se para mim em um sonho, decidi iniciar minha jornada espiritual para me tornar Santero. Ela, uma guia espiritual afro-caribenha vestida de azul e branco, apresentou-me Olokun em uma *tinaja* de barro, um vaso usado por escravizados para esconder seus Orixás. (Eles às vezes usavam utensílios de sopa dos senhores para esse propósito. Até hoje é possível comprar recipientes similares em lojas especializadas em produtos religiosos para abrigar os Orixás.) *La Madama* me revelou que eu logo receberia tudo isso. Essa visão confirmou o que eu já sentia intuitivamente: que *La Madama* era a entidade espiritual mais importante para mim. Outros espiritualistas e praticantes de diferentes caminhos espirituais também corroboraram esse fato.

Com a ajuda de várias pessoas, conheci o homem que seria meu mestre. Reconheci-o como um Oriaté, um Alto Sacerdote Chefe. Meu Oriaté sabia que eu estava a caminho e que me tornaria seu aprendiz, pois estava previsto que um jovem com características romanas entraria em sua vida para ser guiado no caminho da *Regla de Ocha*. Tive a oportunidade de aprender todos os ritos de passagem dentro dessa Tradição. Embora houvesse, como em todas as comunidades, interações políticas, egos inflacionados e diferenças de opinião, isso não era meu foco principal. Para mim, questões espirituais são mais importantes.

O Oriaté me ofereceu orientação, treinamento e uma variedade de ferramentas e materiais que normalmente teriam um custo elevado. Sabendo que eu estava destinado a ser seu aprendiz, proporcionou-me tudo isso gratuitamente, uma honra pela qual sou imensamente grato. Minha primeira experiência com ele consistiu em auxiliá-lo em diversos *itutos* e *ochas*. Recordo com clareza os muitos ritos que participei no Bronx, no Brooklyn e em Nova Jersey. Além disso, realizamos limpezas e eu o assisti em trabalhos maiores, como a atribuição de certos Orixás aos iniciados.

A Iniciação é concedida quando é necessária e quando o destinatário está pronto. Afirma-se que, sem o espírito, não há santo. Os Orixás representam forças da natureza. Quando o Iniciado recebe seu próprio "anjo da guarda", não está recebendo uma personalidade lendária ou arquétipo, mas, sim, o espírito das forças naturais que ele necessita para proteção e orientação. Assim, forma-se uma parceria entre o eu superior do Iniciado e o espírito do Orixá.

Meu Oriaté foi uma das pessoas valiosas que vieram do êxodo de Mariel, uma emigração em massa de cubanos que partiram do porto de Mariel, em Cuba, para os Estados Unidos. Castro aproveitou a oportunidade para infiltrar entre os emigrantes uma quantidade significativa de prisioneiros, pessoas com doenças mentais e até mesmo homossexuais (considerados desviantes por Castro apenas por sua orientação), como parte de um esforço para "limpar" Cuba de seus indesejáveis. Embora a multidão incluísse uma proporção considerável de criminosos, como assassinos, ladrões e estupradores, também estavam entre eles dissidentes políticos, famílias da classe alta, artesãos qualificados e trabalhadores.

Ele me apresentou a uma comunidade em Manhattan que tinha um templo em Chelsea, um armazém industrial convertido em um espaço dedicado à Santeria. O templo foi estabelecido por praticantes judeus-americanos e serviu como local para muitas cerimônias. Na época, o principal fundador judeu havia iniciado praticantes por mais de dez anos. Fiquei impressionado com a organização e o bom estado do Templo. Foi emocionante ver a evolução da religião da minha cultura nativa, incorporando pessoas de diversas origens culturais.

Frequentemente viajávamos para Miami, onde muitas das cerimônias eram realizadas. Durante esse período, ganhei a experiência e a exposição necessárias para praticar o sistema. Em Miami, recebi muitos dos meus ritos iniciatórios. Depois, deixei a comunidade Lucumi para me concentrar na faculdade e na minha carreira. Infelizmente, recebi a notícia do falecimento do meu querido Oriaté. Hoje, carrego comigo as memórias e o conhecimento que ele me transmitiu, honrando sua influência e ensinamentos.

Logo depois de me formar na faculdade, meu coração foi guiado pela minha Deusa em direção ao estudo e prática da Wicca.

Capítulo Sete

A Magickal Childe

Quando honramos nossos elders,
honramos a nós mesmos.

– Alexander Cabot

Desde jovem, eu me vi guiado por uma "Anciã", uma figura tradicional britânica antiga. Sua manifestação ocorreu quando eu era ainda criança e sua orientação me direcionou, aos 11 anos, para o Tarô, Aleister Crowley e a Bruxaria Tradicional Britânica. Mais tarde, médiuns confirmaram a presença dessa Anciã em minha vida.

Em 1979, ainda jovem, eu buscava o autoconhecimento explorando a "Antiga Religião". Naquela época, fiz parte dos primeiros "Club Kids", uma subcultura emergente da vida noturna de Nova York. (Embora o termo "Club Kids" tenha se tornado popular na década de 1990, estive envolvido com o início dessa tendência no começo dos

Magickal Childe, Chelsea,
Cidade de Nova York

anos 1980.) Um dia, enquanto me dirigia a uma danceteria na West 21st Street para a minha primeira apresentação da Madonna, encontrei a Magickal Childe. Ao entrar na loja de ocultismo, fui tomado por uma intensa expectativa e admiração. Anos depois, frequentei o Clube Limelight na mesma rua, e a Magickal Childe se tornou meu principal ponto de encontro e convivência. O virginiano em mim imediatamente notou que a loja estava empoeirada, velha e desleixada, lembrando um lugar que poderia ser encontrado em uma assustadora e estranha casa, não fosse pela máquina de refrigerantes Coca-Cola, convenientemente colocada ao lado da porta. Do teto, pendia um diabo com asas de morcego e pernas de Pan. Seus olhos saltavam como azeitonas pretas, criando uma sensação quase surreal, como algo saído da *Zona do Crepúsculo.* Lembrei-me de uma cena do filme *Vampire's Kiss,* com Nicolas Cage, em que seu personagem entra na Magickal Childe e se aproxima do balcão. Era uma cena marcante que me deixou uma impressão profunda imediatamente.

Em uníssono com minha abordagem iniciatória na loja de ocultismo, fui atingido por algo poderoso... um cheiro cativante! Era um incenso encantador chamado "Lágrimas de Glória". Ao inalar o incenso, fui instantaneamente envolvido pelo encantamento de Herman Slater (proprietário da Magickal Childe), Eddie Buczynski, Lady Rhea, Carol Buzone e Lady Rhiannon. Todas essas pessoas foram figuras importantes na comunidade Ocultista e Wiccaniana. Eles se tornariam pioneiros do que viria a ser a New York Wica, os Tradicionalistas Galeses e a Minoan Brotherhood e Sisterhood[13]. De alguma forma, todo esse

13 N.R: Tradições de Bruxaria fundadas por Eddie Buczynski. A Minoan Brotherhood é exclusiva para homens gays e bissexuais e se inspira na antiga civilização da Creta minoica. A Minoan Sisterhood é o ramo da Tradição exclusivo para as mulheres.

Segurando *Behutet* com a capa de Herman Slater, em frente à antiga localização da Magickal Childe

destino estava envolto nas Lágrimas de Glória para mim. Como fui iniciado com esse incenso em forma de pó, toda vez que sinto seu cheiro, sou transportado de volta à Magickal Childe da minha juventude.

Eu estava completamente fascinado pela mistura da cultura boêmia e alternativa do centro de Nova York com o ocultismo da loja de Slater. A Magickal Childe era o epicentro das ciências ocultas, frequentada por personalidades famosas de Nova York, como Deborah Harry, Dan Aykroyd, Chris Stein (da banda Blondie), Yoko Ono e John Lennon. A loja também recebia pedidos regulares por telefone de Agnes Moorehead (da famosa série de TV *A Feiticeira*). Moorehead era uma Bruxa Alexandrina praticante e tinha uma conta na Magickal Childe.

Quando visitei a loja, fiquei encantado ao ver "todas aquelas parafernálias" (como costumava dizer Herman). Essas parafernálias incluíam uma variedade de itens ocultos, como livros, velas, incensos, estátuas, túnicas rituais e fitas cassete de música. A loja tinha itens relacionados ao hinduísmo, budismo, Thelema de Crowley, menorás e mezuzás. Nenhuma loja notável estaria completa sem as camisetas, é claro, então também havia camisetas da Magickal Childe à venda.

A Magickal Childe era o retrato do que o ocultismo representava em Nova York, uma loja que abrigava uma mistura de todos os tipos de práticas e crenças, desde as tradições abraâmicas até o satanismo. Naturalmente, fui atraído pelo caráter oculto da loja. Apreciei vários livros, incluindo *The Facts of Witchcraft*, de Eddie Buczynski (publicado por Herman Slater), um livro que comprei lá e ainda possuo até hoje. Também gostei dos *Magickal Formularies I* e *II*, de Herman Slater. Outras obras notáveis de Herman Slater incluíam *Pagan Rituals III: Outer Court*

Training Coven e *Pioneer Occultist* (*The Magickal Childe*), além das partes I e II de *Behutet: Modern Thelemic Magick and Culture.*

Para apreciar o livro mais famoso de Slatre, o clássico *Necronomicon* (um dos meus favoritos pessoais), é necessário primeiro considerar seu contexto histórico. Tudo começou com o livro fictício *Necronomicon* do gênio da literatura de horror H.P. Lovecraft (também referido como o *Livro dos Mortos*), mencionado em alguns dos contos de Lovecraft, começando com *The Hound.*

Mais tarde, na década de 1970, um Sacerdote ortodoxo oriental, Peter Levenda (publicamente conhecido como Simon), publicou seu livro intitulado *Necronomicon.* Simon alegou ter sido o editor (não o autor original do grimório). Ele afirmou ter encontrado o texto original mencionado por Lovecraft em seus contos.

Em 1977, Herman Slater, com seu treinamento e conhecimento mágico, conseguiu criar o grimório de Nova York baseado no *Necronomicon* de Lovecraft. Ele fez isso com a ajuda de Malcolm Mills, Cyndi e Simon. Ao contrário do grimório fictício, a versão de Slater do *Necronomicon* trouxe às pessoas uma força mágica real, tangível e viva. Lembro-me de ter visto o anúncio do livro informando que havia apenas 666 cópias dele encadernadas em couro. O número 666 foi escolhido como uma referência ao número da besta mencionado no Apocalipse. Algumas edições eram douradas, enquanto outras tinham detalhes em prata. Essas cópias foram vendidas na loja de Herman. Meu primo comprou uma edição prateada do *Necronomicon* para mim a partir do anúncio. A versão do *Necronomicon* de Slater inspirou muitas pessoas a acreditar que o grimório era real, e não uma ficção, como muitos críticos literários propuseram. Mais tarde, em 1993, foi lançado o clássico filme de ocultismo *Necronomicon*. Apesar de não ser um filme de muita qualidade, a fascinação pelo grimório continuou.

Herman Slater não era apenas o autor desses livros fabulosos e o proprietário da Magickal Childe. Ele também era um Alto Sacerdote da Tradição Galesa, e eu o admirava e respeitava muito. Aconteceu que ele também gostou de mim desde o início. Lembro-me vividamente de quando tomei a liberdade de ler os livros das prateleiras da loja. Outros garotos viam o que eu estava fazendo e faziam o mesmo. No entanto, Slater gritava com eles (não comigo), dizendo: "O que vocês estão pensando, tão achando que isto aqui é a Biblioteca Pública de Nova York? Comprem o livro ou saiam daqui!" Eu rio ao lembrar do cartaz que Slater colocou na loja, dizendo: "Compre ou Caia Fora". Ele não tinha problemas com aqueles que eram verdadeiros buscadores e/ou clientes genuínos. Herman sabia que eu era ambos. Além disso, ele apreciava o fato de que eu era respeitoso quando folheava os livros e baralhos de Tarô. Slater era conhecido como "Horrível Herman". Na verdade, havia muitas vezes em que as pessoas o chamavam de "Gargamel", do famoso programa de TV animado dos anos 1980, *Os Smurfs*. No entanto, por mais rude que fosse seu exterior, ele não era realmente uma pessoa má. Herman gostava daqueles que frequentavam a Magickal Childe. Mas depois de cerca de cinco minutos ou mais, ele avaliava as pessoas, crianças ou não, e agia de acordo.

Foi na Magickal Childe que descobri Rolla Nordic, nascida Murielle Doris Berulfsen. Fiquei profundamente impressionado com seu livro Tarô *Shows the Way* e seu baralho *Rolla Nordic Tarot*. Fiquei empolgado ao saber que Nordic foi uma grande Bruxa durante aquele período em Nova York. Infelizmente, ela é uma Elder da Arte que foi amplamente esquecida. Procure-a e honre-a.

Outra Bruxa famosa que sempre admirei foi Sybil Leek. Em 2002, a British Broadcasting Company a apelidou de "a Bruxa mais famosa da Grã-Bretanha". Apreciei muito ler os seguintes livros de Sybil, vendidos na Magickal Childe: *Sybil Leek's Astrological Guide to Successful Everyday Living; Diary of a Witch; The Complete Art of Witchcraft* e *Moon Signs.* Aos meus olhos, ela era uma mãe da Arte e uma praticante brilhante. Anos depois do meu tempo na Magickal Childe, fui a Burley, na Inglaterra, onde a loja e o apartamento dela estiveram localizados. Senti uma grande serenidade ao prestar homenagem à sua lenda naquele lugar. Ainda há uma magia especial em Burley, e fiquei impressionado ao ver que os cavalos têm total liberdade para circular pela cidade.

Em um momento de sua vida, Herman Slater recebeu uma grande honra. Raymond Buckland deu a Herman sua espada para ele guardar e cuidar. Naquela época, Raymond ganhou seu próprio museu (O Museu de Bruxaria e Magia de Buckland, em Nova York). Herman, sendo um empresário astuto, pegou a espada e a desmontou para fazer moldes. Havia vinte cópias. Ele presenteou a primeira dessas cópias de espada a Lady Rhea em sua iniciação. Eddie Buczynski também tinha uma. Eventualmente, a espada original foi devolvida a Buckland.

Nos anos 1990, Lady Rhea tinha uma loja em Yonkers, onde morava com seu segundo marido, Greg (Lord Merlin). Eles me iniciaram durante uma lua cheia, em 10 de agosto de 1995, momento este que me "elevou", como costumávamos chamar, proporcionando-me a Iniciação na Tradição Galesa primeiro. Mais tarde, obtive também as Iniciações na Tradição Gardneriana, sob a égide da New York Wica. A espada tradicional da Welsh Traditional Gwthoniaid veio da Magickal Childe. Como nota adicional, eu tinha duas heranças tradicionais que consegui restaurar. Uma era uma réplica da espada de Gardner que recentemente restaurei e presenteei a Lady Rhea. A outra é a espada que me foi dada por Lord Tammuz, um dos primeiros Altos Sacerdotes da Welsh Traditional Gwthoniaid.

Minha linhagem na tradição Gardneriana é a seguinte: Hekatos (eu), Lady Rhea, Eddie Buczynski, Lady Sira (Patricia Siero), Theo e Thane (Fran e Gerry Fisher), Lord Robat (Raymond Buckland), Lady Olwen (Monique Wilson) e Gerald Gardner. Apesar de não ser reconhecida pelos *hard Gards* (apelido para os Gardnerianos mais tradicionais), essa linhagem é significativa para mim, pois me conecta a Eddie e ao seu legado. Sinto uma profunda simpatia por suas lutas que deram origem à New York Wica. A Tradição Gardneriana tem origem no sul da Inglaterra. Todos os praticantes Gardnerianos copiam o *Book of Shadows* (*Livro das Sombras*) de Gerald Gardner. Das três linhas diferentes que existem nos Estados Unidos, eu pertenço à linha de Kentucky, portanto, sou parte da linhagem do Coven Silver Trine.

Apesar de minha linhagem Gardneriana rastreável e do fato de ter sido iniciado por uma Alta Sacerdotisa e um Alto Sacerdote, há quem não me considere uma parte válida da Tradição. A objeção deles é que Rosemary e Raymond Buckland estavam separados na ocasião da Iniciação de Theo e Thane. Na Tradição Gardneriana, é muito importante que tanto um Alto Sacerdote quanto uma Alta Sacerdotisa estejam presentes durante essas iniciações. Buckland era conhecido como um homem meticuloso e elegante, acho muito improvável que ele não tivesse uma Alta Sacerdotisa presente, apesar dessas acusações. Sinto-me confiante de que ele seguiu os protocolos adequados ao conduzir o rito, eu confio na legitimidade dessa linhagem. Em qualquer circunstância, meu rito de Iniciação foi dentro de uma

família que honrava os antigos costumes de todo coração, e isso foi bom o suficiente para mim. Tenho orgulho da minha linhagem.

Voltando às minhas visitas à Magickal Childe, lembro com alegria das interações que tive com Eddie Buczynski. Não pude deixar de me sentir totalmente fascinado por ele! Seus olhos encantadores me cativaram completamente. Fiquei encantado quando aqueles olhos verdes retornaram para me visitar e me guiar espiritualmente para suas próprias Tradições, a New York Wica e a Tradição Galesa.

Durante minhas conversas com Eddie, descobri que ele era um tradicionalista galês de Segundo Grau sob a orientação de Gwen Thompson, uma Bruxa Hereditária e Tradicionalista Celta. O nome de nascimento de Gwen Thompson era Phyllis Healey, e ela era de North Haven, Connecticut. Thompson alegava ter uma Tradição de Bruxaria Hereditária, originária de Somerset, na Inglaterra, que passou por Nova Scotia antes de chegar aos Estados Unidos. Fui informado de que ela transcreveu o texto de *The Rede of the Wiccae,* um poema que muitos acreditam ter sido escrito há séculos. Ela é conhecida por ter enviado a versão extensa do *Wiccan Rede* para a *Green Egg Magazine.* No final dos anos 1960, Thompson fundou o New England Coven of Traditionalist Witches.

Eddie alcançou o segundo grau na Tradição Galesa enquanto atuava como Alto Sacerdote ao lado de Lady Gwen, adotando o nome mágico de Hermes Dionysus. Eu tenho TDA (Transtorno de Déficit de Atenção), e como Eddie também tinha uma capacidade de atenção bastante limitada, isso fez dele um professor excepcional para mim. Eu admirava a presença espiritual que ele emanava e o via como uma verdadeira inspiração. No entanto, Eddie não pôde aproveitar plenamente a experiência, já que Lady Gwen estava profundamente apaixonada por ele. Ela deixou claro o que desejava, mas, devido à orientação sexual de Eddie, nada poderia acontecer entre eles romanticamente. (Após seu tempo com Gwen Thompson, Eddie criou seu próprio *Livro das Sombras*, que é tanto o legado dele quanto o dela).

Mais tarde, Eddie nomeou Kaye Flagg (Lady Vivienne) como Alta Sacerdotisa da Tradição Galesa de Nova York. Desde cedo, Kaye foi cativada pela Deusa. Já no primeiro ano escolar, ela olhava com admiração os colares "Marianos" (colares católicos que as meninas usavam na escola). A devoção a Maria parecia natural para Kaye. No entanto, ela tinha dificuldade em se conectar com Jesus, a quem via como uma figura morta e sem vida na cruz. Foi apenas na sétima série que ela descobriu as Deusas e Deuses gregos e romanos. Anos depois, ao se mudar para Nova York, Kaye conheceu Eddie, com quem desenvolveu uma forte ligação. Eles compartilhavam visões semelhantes sobre a Magia dos Deuses, o que fortaleceu ainda mais a conexão entre eles. Eddie reconheceu que Kaye era uma excelente candidata para se tornar sua Alta Sacerdotisa. Um ano e um dia antes de ser Iniciada no Primeiro, Segundo e Terceiro Grau (em 1971), Eddie lhe apresentou seu *Livro das Sombras* para que ela pudesse copiá-lo. Além de ser uma Alta Sacerdotisa excepcional (e uma amiga pessoal minha), Kaye era uma costureira brilhante, cantora e cabeleireira talentosa. Em 12 de novembro de 2020, ela faleceu. Envio bênçãos ao espírito de Lady Vivienne no *Summerland*. Ela faz falta.

Nos anos 1970, Eddie foi para a filial de Long Island, onde aprendeu a Tradição Gardneriana e obteve o Primeiro, Segundo e Terceiro Grau, tornando-se Alto Sacerdote. Embora tenha sido reconhecido como um Alto Sacerdote qualificado, sua orientação sexual gerou resistência para que ele atuasse plenamente nesse papel. Seus críticos acreditavam que ele não seria um bom modelo ou um sacerdote funcional, pois desejavam que o princípio de gênero (feminino e masculino) permanecesse intacto. Embora houvesse princípios de polaridade em questão, Eddie ficou bastante desanimado pela discriminação que sofreu devido à sua sexualidade. No entanto, em vez de se deixar abater, ele decidiu superar a adversidade e encontrar seu próprio caminho no ministério.

Para enfrentar essa situação, Eddie decidiu criar a New York Wica, uma ramificação da Tradição Gardneriana com algumas adaptações. A New York Wica permite iniciações de mesmo sexo e se tornou uma Tradição que se espalhou globalmente e continua a prosperar até hoje, criando raízes na França, Irlanda, América do Sul e além! Seu ministério acabou se mostrando de grande importância para muitos. (Para saber mais sobre Eddie e sua jornada mágica, sinta-se à vontade para ler o livro de Michael Lloyd chamado *Bull of Heaven: The Mythic Life of Eddie Buczynski and the Rise of the New York Pagan*). Da New York Wica surgiu a Irmandade Minoana (*brotherhood*), uma Tradição homossexual exclusivamente masculina. Depois disso, ele ajudou Lady Rhea e Lady Miw na formação da Irmandade Minoana (*sisterhood*), seu equivalente exclusivamente feminino.

Dizem que Eddie se converteu ao catolicismo no final de sua vida, enquanto morria de AIDS nos braços amorosos de sua mãe. Essa escolha gerou muitas críticas à sua memória. Enfrentando sua mortalidade em um ambiente onde muitos viam sua condição como um castigo por sua orientação sexual, Eddie teve dificuldades compreensíveis, tanto mentais quanto emocionais. Ele sempre enxergou a Deusa refletida nas estátuas de Maria e, sob a pressão de sua mãe e em seus momentos mais vulneráveis devido à doença, consentiu em receber os últimos ritos católicos. Para ele, honrar sua mãe, que via como uma representação da Deusa, era uma questão de profundo respeito. Sua decisão de receber os últimos ritos não deve ser vista como uma conversão ao catolicismo, embora tenha sido influenciada pela sua criação na Igreja Católica. Eddie viveu e morreu como um Sacerdote dedicado à Divindade feminina.

Atualmente, está em produção um documentário sobre a Magickal Childe e seus associados. O cineasta responsável é Anderson Slade, da Crowned and Conquering Productions. Há cerca de um ano, Slade conseguiu reunir diversas entrevistas em vídeo com pessoas ligadas à Magickal Childe, incluindo Lady Rhea, Lady Vivienne e eu mesmo. As Tradições mágicas de Eddie Buczynski e o *Necronomicon* de Simon são mencionados no filme. No dia 24 de novembro de 2020, Slade lançou o trailer do documentário no YouTube, mas até o momento não foi anunciada uma data oficial de lançamento para o filme.

Em relação à altamente elogiada Lady Rhea: eu a conheci inicialmente na Magickal Childe em 1979. Como Eddie e Herman, Rhea foi uma grande influenciadora e pioneira da Wicca. A alma cativante de Lady Rhea é responsável por ter ajudado a abrir as portas da Welsh Traditional Gwthoniaid e Gardnerian New York Wica para mim. Em suma, Lady Rhea foi quem nutriu minha compreensão inicial da Bruxaria Tradicional Britânica.

Uma coisa extraordinária que Herman fez foi imprimir uma revista chamada *Earth Religion News*. Eu era um menino quando fui apresentado a essa publicação, que até apresentava praticantes *skyclad*[14]. Uma dessas pessoas era Lady Rhea, destacada na edição Volume 1, número 4. O nome de Lady Rhea não é mencionado na capa da edição.

14 N. R.: *Skyclad* (ou "Vestidos de céu" no Brasil), refere-se à prática de realizar rituais sem roupas, conectando-se mais profundamente com a natureza e o divino. É comum em algumas tradições de Wicca e Paganismo.

Em vez disso, a capa exibia a seguinte frase: *Mother Nature Wants You!* (A Mãe Natureza Quer Você!) Isso era bastante apropriado, pois Lady Rhea sempre foi para mim uma figura de Mãe Divina. Esta edição se tornou um item de recordação histórica para ela.

Poucos sabem que a imagem utilizada na capa da revista *Earth Religion News* foi uma de duas opções. Em 1974, o famoso fotojornalista argelino Jean-Pierre Laffont, que fundou as agências Gamma USA e Sygma Photo News (considerada a maior agência de fotos do mundo), fotografou o Coven de Bruxas de Nova York, que contava com Lady Rhea, no Brooklyn, enquanto Eddie estava vivo. As fotos foram feitas para uma matéria editorial da revista francesa ELLE. Mais tarde, uma das fotos foi usada na capa da revista de Herman Slater. Tive a oportunidade de conhecer Laffont pessoalmente e fiquei encantado ao poder adquirir cópias originais dessas fotografias, que ele havia assinado pessoalmente. Até hoje, guardo essas fotos com muito carinho.

Para prosseguir com mais informações sobre Lady Rhea, é importante mencionar brevemente minha formação anterior com um Alto Sacerdote Gardneriano da linhagem Whitecroft, que remonta a Eleanor Ray Bone[15]. Antes de conhecer Rhea, aprendi um pouco sobre Wicca com esse Alto Sacerdote. Como obviamente ele não era uma "Alta Sacerdotisa", não teria como me introduzir completamente na Tradição. Alguns Bruxos Gardnerianos não reconhecem a Iniciação de um homem se ela for realizada por outro homem; a Iniciação deve ser feita de mulher para homem

15 Eleanor iniciou Arthur, que, por sua vez, iniciou Madge. Arthur e Madge colaboraram, realizando encontros na residência de Arthur, localizada em Whitecroft Way, Beckenham, Kent, Inglaterra. Com o tempo, seus seguidores passaram a se identificar como "da linhagem Whitecroft".

ou de homem para mulher. No entanto, eu fiquei sob sua orientação por um tempo, e ele desempenhou um papel fundamental no meu desenvolvimento dentro da Bruxaria Tradicional Britânica.

Na Magickal Childe, Lady Rhea exibia uma energia maternal, mágica e encantadora! Sua presença cativava os clientes, que eram atraídos para a loja pela sua aura irresistível. Com seu cabelo castanho-escuro e sorriso radiante, ela encantava a todos ao seu redor. Para mim, um jovem admirador, Lady Rhea personificava a Deusa-Mãe grega Rhea com uma autenticidade admirável, vivenciando verdadeiramente o espírito de seu nome.

Rhea nutria muitas almas com seu lado materno, o que também impulsionou sua renomada Magia com Velas. Tudo começou quando Herman a deixou responsável por receber uma remessa de velas na Magickal Childe. Sem que Herman e Rhea soubessem, essa remessa incluía velas do tipo *pull-out*, aquelas de 7 dias que podem ser facilmente retiradas do vidro. Herman ficou furioso ao ver que Rhea havia aceitado o pedido. Ele disse a ela: "O que vou fazer com essas velas, sua maluca?" Rhea respondeu: "Eu cuido disso, Herman." Em seguida, ela levou as velas para os fundos da loja, pegou um pouco de óleo, glitter, e em poucos minutos criou a primeira "vela encantada". Era uma vela para feitiço de dinheiro, e foi vendida pelo equivalente a R$15! Como um astuto homem de negócios, Herman ficou impressionado. A partir de então, ele insistiu que Rhea fizesse mais dessas velas. Mais tarde, em 1982, Rhea abriu sua própria loja na 9ª rua, no East Village, chamada Enchantments, com Carol Bulzone, também conhecida como Lady Miw. Suas velas eram especialmente populares, assim como seus óleos misturados.

Anos depois, em 1994, tive um sonho em que Eddie apareceu. Seus olhos verdes me assombravam, como sempre. Ele havia falecido em 1989, e eu sabia que era uma visita real do espírito, e não apenas um sonho. No sonho, ele me disse para procurar por Lady Rhea. A vida havia mudado e eu não a via desde os tempos de sua loja Enchantments, no final dos anos 1980. Fiz algumas pesquisas e a encontrei morando em Yonkers, NY. O reencontro foi marcado por risos e lágrimas, refletindo sobre os velhos tempos e as circunstâncias atuais. Foi nesse momento que compreendi mais plenamente que a mensagem de Eddie para mim era seguir o caminho da Deusa e honrar meus ancestrais. Durante um Esbat em agosto, quando a Lua Wort estava no signo de Aquário, fui elevado ao Terceiro Grau e me tornei Alto Sacerdote da Tradição Gardneriana e da Tradição New York Wica de Eddie Buczynski.

Na reabertura da loja de Lady Rhea, agora chamada Magickal Realms, quando ela foi transferida para City Island (uma pequena ilha ao largo do Bronx), conseguimos nos encontrar regularmente. Garantimos que, desta vez, manteríamos nossas vidas entrelaçadas de forma duradoura. Eu sabia que isso era essencial, especialmente porque Eddie Buczynski havia desempenhado um papel tão importante, confiando-me a missão de cumprir seus desejos em relação à sua amada Alta Sacerdotisa, Lady Rhea.

Com as voltas que a vida dá e os horários de trabalho agitados, muitas vezes perdemos contato com pessoas importantes. No entanto, elas sempre parecem retornar por um propósito, seja para reafirmar vínculos de amor e compromisso, ou para cumprir algum bem maior. Mais tarde, tive uma revelação sobre os tempos passados na Enchantments, quando honrava mestres da Arte como

Lady Rhea e Alexander Cabot
(Fotografia de Richard Santana)

Herman Slater e Eddie Buczynski. Eventualmente, essa Tradição ressurgiu nas reuniões regulares de Lady Rhea em Nova York, conhecidas como "NYC Meet Ups"!

Ao longo de tantos anos envolvido com a Arte, e com a sabedoria compartilhada por nossos Elders e outros pioneiros na comunidade oculta, uma constante em minha vida tem sido a influência espiritual do Bruxo e Elder Eddie Buczynski, que me incitou a manter vivo seu trabalho e seu amor. Ele tem me visitado em várias ocasiões, confiando-me tarefas importantes.

Após um período de inatividade, focado apenas em minha prática pessoal e na minha carreira, tive uma revelação, em 2009. Sonhei que estava perdido e sozinho na floresta com um filhote de lobo. Esse pequeno lobo, revelando-se como um guia, conduziu-me pela mata até se transformar, por meio de uma metamorfose, em um lobo adulto. Na sua forma adulta, ele me ofereceu a proteção e o amor que eu precisava. Naquele momento, percebi que estava destinado a retornar à Arte e a fazer minhas contribuições. Era essencial que eu deixasse o espírito me guiar e me tornasse um lobo protetor para os outros.

Mais tarde, tive uma visão de mim mesmo na loja Enchantments de Lady Rhea, agora reformada. Vi Herman, Eddie e Lady Rhea lá. Na visão, Eddie me disse: "Novamente encarrego você de ajudar a Alta Sacerdotisa (Lady Rhea). Ela sempre estará em seu coração. Você precisa auxiliá-la a me honrar." Ao retornar ao estado consciente, recebi uma mensagem da Deusa: "Ao honrar meus Elders, honro a mim mesmo." Essa revelação se concretizou quando organizei um memorial para Buckland e para o Alto Sacerdote Galês Tamuz em Nova York, prestando homenagem aos meus Elders e recebendo reconhecimento em retorno.

Em 2006, Lady Rhea lançou seu livro *The Enchanted Formulary: Blending Magickal Oils for Love, Prosperity, and Healing* com a Citadel Press. Quando me reuni com Lady Rhea alguns anos depois, disse a ela que estava orgulhoso de seu trabalho, mas também mencionei que ela precisava compartilhar mais de suas obras com o público. Ela era e ainda é uma Bruxa e Elder impressionante, com muitos conhecimentos e sabedoria valiosos para oferecer. Era o momento de ela relembrar o mundo de sua grandeza e exercer sua identidade de Deusa-Mãe na Arte. Foram necessários muitos anos para que ela publicasse outro livro. Atualizamos o conteúdo com novos sigilos, velas e feitiços, e revisamos profundamente o material existente, criando uma versão muito mais aprimorada do que a original. Embora tenha sido uma tarefa desafiadora, também precisei negociar com a editora anterior para recuperar os direitos do material do primeiro livro para a autora (um processo longo e trabalhoso). Além disso, tive que aprender sobre o processo de publicação e tudo o que isso envolve. Finalmente, em 2016, publiquei *The Enchanted Candle* de Lady Rhea, com um prefácio escrito por mim. No mesmo ano, para ajudar a promover seu segundo livro, viajei com ela para a HexFest em New Orleans, Louisiana, organizada por Christian Day. Lady Rhea foi uma das palestrantes convidadas do festival e, como tal, fez questão de levar cópias de seu livro mais recente (assim como todos os seus famosos suprimentos para fabricação de velas). Mais tarde, em 2019, após um longo e árduo processo de atualização de conteúdo, edição e obtenção de direitos, publiquei outro livro de Lady Rhea, *The Enchanted Formulary,* com um novo prefácio escrito por mim e um destaque especial para sua imagem na nova capa. A cada elogio e reconhecimento que Lady Rhea recebia, eu sentia um imenso orgulho, pois ela é uma de minhas Elders e tem um valor inestimável para mim.

Atualmente, minha principal Elder é a reverenda e altamente estimada Laurie Cabot. Sinto-me honrado e abençoado por fazer parte de sua Tradição. Minha jornada com Laurie Cabot começou em 2009, quando decidi reenergizar minha trajetória espiritual após concluir minhas certificações como cirurgião e receber uma visão. Fiz isso, pedindo para ser orientado pela Bruxa Oficial de Salem, Laurie Cabot.

Capítulo Oito

Laurie Cabot

Nasci Bruxa e Bruxa para sempre vou ficar
O poder mágico meu caminho vai iluminar.

– Laurie Cabot

Antes de compartilhar minha jornada com minha Reverenda Mãe Laurie Cabot, é importante mencionar minha herança Kemética, que se entrelaça com a história de Laurie. Desde os dez anos, eu me sentia profundamente fascinado pelas Deusas e Deuses do Antigo Egito. Eles pareciam eternos, poderosos, mágicos e de outro mundo. Alguns deles eram retratados com asas, outros, tinham cabeças de animais. O que mais eu admirava neles eram seus ensinamentos poderosos no Kemetismo, uma Tradição mágica Neopagã que entrou na esfera pública nos anos 1970. Como o Kemetismo é um movimento reconstrucionista, existem muitas maneiras pelas quais um praticante Kemético pode escolher atuar. Eu encontrei realização pessoal ao estudar o *Livro Egípcio dos Mortos* e *O Caibalion*, creditado aos Três Iniciados, um livro sobre leis herméticas que, segundo dizem, têm origem na Tábua de Esmeralda do Deus egípcio Thoth. De acordo com algumas fontes, essa tábua foi descoberta e estudada e, embora uma pequena parte esteja faltando, o que foi traduzido constitui a base principal da Alquimia. Aqui está, de outra forma, a versão mais antiga conhecida (em árabe) desta famosa Tábua de Esmeralda, chamada *Sirr al-khalīqa wa-san'at al-tabī'a* (O Segredo da Criação e a Arte da Natureza), atribuída a pseudo-Apolônio de Tiana:

حق ال شك فيه صحيح

إن الأعلى من الأسفل والأسفل من الأعلى

عمل العجائب من واحد كما كانت الأشياء كلها من واحد بتدبير واحد

أبوه الشمس ، أمه القمر

حملته الريح في بطنها، غذته الأرض

أبو الطلسمات، خازن العجائب، كامل القوى

نار صارت أرضا أعزل الأرض من النار

اللطيف أكرم من الغليظ

برفق وحكم يصعد من الأرض إلى السماء وينزل إلى الأرض من السماء

وفيه قوة الأعلى والأسفل

لأن معه نور الأنوار فلذلك تهرب منه الظلمة

قوة القوى

يغلب كل شيء لطيف، يدخل في كل شيء غليظ

على تكوين العالم الأكبر تكوّن العمل

فهذا الفخر ولذلك سمّيت هرمس المثلّث بالحكمة

Tradução para o inglês (Cortesia de David Moore e várias ferramentas de tradução)[16]:

Correto, indubitavelmente verdadeiro
O que está acima é como o que está abaixo, e o que está abaixo é como o que está acima.
Trabalhe maravilhas miraculosas a partir do Uno,
pois todas as coisas são de uma só essência.
Seu pai é o Sol, sua mãe é a Lua,
o vento o carregou em seu ventre,
a terra o amamentou.

Ele é o pai dos encantos mágicos, o guardião das maravilhas e milagres, perfeitamente pleno de poder.
O fogo se transformou em terra, e eles se separaram,
o éter sutil do mundano.

A gentileza é mais presente do que a aspereza,
cuidadosamente, ele ascende da terra ao céu,
e desce da terra ao céu.

Ele tem o poder do acima e do abaixo,
porque ele tem a luz das luzes, então a escuridão
é banida de sua presença.
Essa força energiza e permeia todas as coisas,
do etéreo ao sólido.

Toda a criação foi formada assim, e sobre sua estrutura todas as obras são realizadas.
Esta é a minha realização, e é por isso que sou
chamado Hermes Trismegisto,
o Triângulo da Sabedoria, detentor
de três partes da sabedoria do Universo.

Antes de ler *O Caibalion*, tive uma visão da Deusa Egípcia Ísis em forma de estátua, que se apresentou a mim com grandeza. Ísis ajoelhou-se e abriu suas asas, então,

16 N. T.: o texto foi traduzido para o português a partir da tradução em inglês.

telepaticamente, direcionou meu olhar para algo que parecia ser a Tábua de Esmeralda de Hermes. A tábua brilhava como uma esmeralda real, emitindo uma luz verde intensa. Compreendi que esse seria um conhecimento importante, o que se confirmou posteriormente com a manifestação das leis herméticas e o entendimento dos Keméticos. Desde então, mantenho uma forte conexão com Ísis e com a Magia Kemética. Sinto profundamente que a Deusa Ísis está comigo desde o princípio. Intuitivamente, aceito e compreendo que possuo uma linhagem espiritual com o Antigo Egito.

Quando contemplei a amada Deusa Ísis, fiquei maravilhado com sua forma alada. Muitas vezes, imaginei suas asas e braços ao meu redor, protegendo-me como se eu fosse seu filho, Hórus. Minha visão pessoal de Ísis segurando Hórus (eu) me fez perceber a semelhança de energia entre eles e a Mãe Maria com o bebê Jesus. Em minha juventude, ao assistir à Missa Católica, eu via Ísis nos rostos das estátuas de Maria.

A Trindade Sagrada, para mim, não era o Deus Pai cristão, Jesus o Filho e o misterioso Espírito Santo. Minha trindade sagrada era Osíris (pai), Ísis (mãe) e Hórus (filho). Havia uma beleza nessa história familiar de três pessoas que, para mim, era cíclica. Para que Hórus fosse concebido, Ísis precisava se impregnar com a masculinidade de Osíris. Após isso, Osíris renasceria, e o ciclo começaria novamente.

Os primeiros ensinamentos de Laurie Cabot eram baseados na Magia Kemética, com seu *Coven Black Doves of Isis*. Em seu livro *O Poder da Bruxa,* Laurie Cabot escreve: "As Sete Leis Herméticas são a base da Bruxaria. Assim como as leis da Ciência física, as leis herméticas formam um sistema que pode ser estudado por qualquer pessoa disposta a se esforçar e dedicar tempo para praticar".

Meu primeiro contato com Laurie Cabot ocorreu quando eu estava no primeiro ano do ensino médio. Foi através da série de TV *In Search Of*, apresentada por Leonard Nimoy.

Eu não podia acreditar que havia uma Bruxa, assumida e orgulhosa, em Salem, Massachusetts! Curioso para saber mais sobre essa mulher espetacular, em 1986 resolvi viajar para Salem com alguns amigos. Enquanto estava lá, visitei a loja de Laurie Cabot, Crow Haven Corner, onde a conheci e sua adorável filha, Penny, que trabalhava arduamente no caixa e parecia bastante eficiente. Aquele estabelecimento foi a primeira loja de Bruxaria desse tipo na área. Foi maravilhoso para mim, um garoto da cidade grande que frequentava lojas de ocultismo, visitar uma cidade pequena com uma loja totalmente dedicada à Bruxaria.

Quando entrei na loja, fui imediatamente cativado pelos sons assombrosos de "Running Up the Hill" de Kate Bush. O aroma intoxicante de ervas e a presença de uma energia eletrizante estavam fortemente presentes na loja. Foi na Crow Haven Corner que comprei meu primeiro Pentagrama. Ao sair da loja, notei que havia um Mercedes conversível preto estacionado do lado de fora. O que me chamou a atenção para esse carro foi o fato de haver um gato preto que permanecia em cima dele. Curioso, eu me aproximei do carro para inspecionar o gato mais de perto. Certamente, este era um animal de pelúcia? Como um gato poderia escolher permanecer no veículo se fosse real? Para meu espanto, as orelhas do gato se levantaram e seus olhos se arregalaram quando me aproximei. Era realmente um gato de verdade! (Mais tarde descobri que esse gato preto era o familiar de Laurie Cabot, encarregado de proteger seu Mercedes. Certamente ele fazia bem esse trabalho.)

Na viagem de volta para casa, pensei no que havia ocorrido em Salem. Agarrei o Pentagrama pendurado no meu pescoço. Ao fazer isso, lembrei-me do poder e do misticismo de Laurie Cabot e do seu familiar. Um dia, eu seria atraído de volta para lá e me tornaria um de seus discípulos, e até trabalharia arduamente para me tornar um Alto Sacerdote da Tradição Cabot.

Nos anos 1990, meu caminho espiritual me levou através do Espiritualismo, Santeria, Tradicionalistas Galeses de Nova York e a New York Wica/Gardneriana, mas meu espírito ansiava por mais. Eu tinha um desejo apaixonado de me tornar um modelo da Velha Religião. Anos depois, esse desejo do coração me levou a revitalizar meu caminho, honrando minha herança celta através da Tradição mágica de Laurie Cabot. (Minha herança celta específica vem da Espanha, onde meus ancestrais viviam na Galícia.)

Em 2008, estava pronto para visitar Laurie Cabot novamente. Fui até sua nova loja, The Cat, The Crow, and The Crown. A atmosfera era muito parecida com a da loja anterior; era bonita e magicamente atraente. Aquela visita me tocou profundamente, mas foi apenas uma visita. No entanto, um ano depois, voltei à loja de Laurie e criei coragem para abordá-la. Eu a informei de que sentia minha Deusa me chamando para começar meu caminho com ela, a fim de honrar minha herança celta. (Quem melhor do que Laurie Cabot para isso?) Lembro-me de ela ter admitido que vagamente se lembrava de mim. No entanto, ela pôde ver que eu era sincero no meu desejo de me tornar seu aluno. Ela gentilmente me presenteou com um frasco de óleo de dinheiro, uma poção para atrair dinheiro que ainda tenho até hoje. Fiquei radiante com o gesto de aceitação e agradeci o presente atencioso. Depois disso, contei-lhe que ainda tinha um cartão postal original que comprei em sua loja nos anos 1980 e que ela havia assinado para mim. Francamente, fiquei eufórico e um pouco deslumbrado.

Logo após esse encontro, comecei meu treinamento como Bruxo Cabot. Quase todas as vezes que havia uma nova sessão de treinamento, eu viajava de ônibus por quatro horas, de Nova York a Salem. Era muito importante para mim fazer o possível para participar dessas aulas presencialmente, então participei de poucas aulas on-line. Com minha perseverança obstinada, consegui alcançar o Primeiro, Segundo e Terceiro Graus da Tradição Cabot.

O Primeiro Grau diz respeito ao Princípio do Mentalismo, que é o primeiro Princípio do Hermetismo, e ao exercício de dons psíquicos. O Segundo Grau ensina sobre Bruxaria e as ferramentas relacionadas. O Terceiro Grau tem duração de um ano e um dia, um conceito importante do folclore celta. Os antigos celtas não reconheciam um dia específico do ano, então era necessário adicionar um dia de treinamento para completar um ciclo solar completo de um ano inteiro. Para mim, esse processo de treinamento foi como voltar à escola pública. Eu tinha aulas todos os fins de semana, com livros para ler e o compromisso de assistir a aulas todo mês. Após concluir os estudos do Terceiro Grau, enfrentando as muitas lutas e longas viagens necessárias para completar o ciclo de um ano e um dia, tive que passar por aulas de clero que duraram de seis a oito meses. Essas aulas foram árduas, mas abrangentes. O treinamento intensivo formava um clero qualificado, capaz de realizar e adaptar todos os ritos necessários. Além de atuar como ministro civil, recebi a ideologia, a teologia e a mitologia essenciais, e tive a oportunidade de servir à comunidade. Aprendi a me comportar em público, a resolver problemas e a enfrentar desafios com outros. Essas aulas complementaram meu ensino, tornando-me mais preparado e realizado em meu ministério. Esse período foi um verdadeiro teste de devoção e perseverança, ajudando-me a avaliar meu verdadeiro desejo. Finalmente, para demonstrar meu compromisso com a Tradição e minha vontade de contribuir para seu crescimento, peticionei para ser iniciado e ordenado como Alto Sacerdote. Minha petição foi aceita e, posteriormente, fui honrado como embaixador da Tradição Cabot para o Brasil.

Em 2014, vários grupos solicitaram a representação de grandes pioneiros da Bruxaria na América. Um deles foi a Wicca do Brasil, que realizava um evento a cada Equinócio de Outono, com um desfile ecumênico. (Laurie Cabot escolheu a palavra "ecumênico" por ser uma expressão latina, significando "a vinda das igrejas".) O termo "ecumênico" engloba o evento, porque ele envolve diversas denominações cristãs marchando juntas pelas ruas de Copacabana, no Rio de Janeiro. Além das inúmeras denominações cristãs, o desfile também incluía representações de fé politeísta, como budistas, espíritas (especialmente os devotos de Allan Kardec) e membros da diáspora afro-brasileira. Eles desejavam ver a Tradição Cabot representada!

Aconteceu que fui convidado para ser representante da Tradição Cabot no Brasil após minha ordenação (com algumas despesas pagas). Laurie e Penny Cabot me incentivaram a aceitar a oferta, sabendo do meu envolvimento anterior com o Brasil, devido à minha carreira na medicina. Essa conexão surgiu a partir de uma conferência de cirurgia estética em 2003, na qual participei com o renomado cirurgião Ivo Pitanguy. Durante minha estadia, fui encarregado de auxiliar em cirurgias ao vivo, de Santos a São Paulo. Essa visita marcou minha primeira experiência no Brasil, onde fiz grandes amigos. Recordo com carinho minha amizade com a família Salas, pessoas maravilhosas com raízes castelhanas que alcançaram grande sucesso financeiro. Seus dois filhos adoráveis se tornaram meus amigos ao longo dos anos. Embora minha própria família tenha crescido desde então, os Salas sempre serão uma parte especial como minha família brasileira adotiva.

Tornar-me o Embaixador Cabot para o Brasil foi minha primeira missão como ministro ordenado. Meu objetivo era ensinar sobre o trabalho de Laurie Cabot, sua Tradição e o Templo. O evento, organizado por diversos grupos, foi realizado de forma cooperativa com o propósito de promover a tolerância religiosa. Antes da procissão, fui convidado a falar em uma Universidade no Rio de Janeiro. Lembro-me de que falei por duas horas em um auditório lotado. Os estudantes que assistiram à apresentação sobre Wicca receberam créditos universitários. Houve vários palestrantes, mas eu fui o único estrangeiro. Após o simpósio, participei da mencionada parada pela tolerância religiosa e apareci na televisão brasileira, falando sobre o tema enquanto representava a Tradição Cabot. Falei em "portunhol", uma combinação de português e espanhol, e fui compreendido o suficiente.

Durante meu treinamento para alcançar o título de Alto Sacerdote, adotei o nome Cabot. Essa decisão me ajudou a separar minha identidade como Bruxo da minha vida profissional, que também era bastante pública, além de ser uma forma de honrar o legado de Laurie Cabot em todos os lugares que percorri. Passei a ser conhecido publicamente como Alexander Cabot, uma honra que valorizo profundamente. Muitos Bruxos Cabot, ao atingirem o Terceiro Grau, adotaram o nome como parte de sua identidade pública, mas poucos tiveram o privilégio de usá-lo como sobrenome ou nome artístico, como eu.

A Tradição Cabot possui um código de ética que todos os Bruxos devem seguir para se manterem em boa posição. Abaixo está uma lista desses princípios éticos, escrita pelo Reverendo Alto Sacerdote James Daily para a Tradição:

UM: Nós seguimos a Lei Tríplice do Retorno — "Sem a ninguém prejudicar, faça o que desejar".

DOIS: Trate os outros como você gostaria de ser tratado. Somos irmãos e irmãs Bruxos.

TRÊS: Reconhecemos um Bruxo Cabot de qualquer Grau como parte da nossa Tradição.

QUATRO: Integridade, Disciplina e Respeito devem ser evidentes em todos os nossos atos, pois representamos nossa Tradição.

CINCO: Praticamos nossa Arte de acordo com as Leis Herméticas e somos responsáveis perante o Deus/ Deusa/Todo.

SEIS: Não aceitamos contribuições ou influências externas que possam minar nossa autoridade. Somos uma Tradição Soberana. Como tal, não participamos dos Círculos internos de outras tradições.

SETE: Cada Bruxo Cabot é Soberano e aceita a Responsabilidade que isso implica.

OITO: Estamos comprometidos com nosso modo de vida e firmemente enraizados na Ciência de nossa Magia. Expressamos nossa Tradição como uma Arte, uma Ciência e uma Religião.

NOVE: Respeitamos e aderimos aos desejos do nosso Conselho de Elders.

DEZ: Nossa Tradição se interessa por questões como a ecologia, a fome e os direitos humanos. Buscamos curar e proteger nossa Mãe Terra e melhorar as vidas dos humanos e animais ao nosso redor por meios mágicos e caritativos.

ONZE: Nossa política de relações públicas é baseada na atração, não na promoção; não somos adeptos ao proselitismo. Procuramos educar aqueles que buscam conhecimento conosco.

DOZE: Colocamos princípios acima de personalidades. Nos abstemos de fofocas e outros comportamentos que possam minar nossos irmãos e irmãs ou nossa Tradição. Nossas ações reforçam "para o bem de todos..."

TREZE: Não cobramos dinheiro por casos de cura, mas podemos cobrar por qualquer tipo de consultoria psíquica ao público como leitores (por exemplo, de Tarô).

Definitivamente, Laurie Cabot é uma pioneira! Ela é uma desbravadora que se dedicou à preservação dos antigos Deuses e da Arte. Sua Tradição mágica se baseia em três elementos fundamentais: Arte, Ciência e Religião. Parte do aprendizado da Bruxaria envolve a capacidade de exercer criatividade para garantir que a energia pessoal de cada um seja incorporada aos trabalhos. Estamos plenamente investidos em nossa prática. A Bruxaria é uma disciplina científica, pois se fundamenta nas Leis Herméticas, que se correlacionam com a Física Quântica e a Mecânica Quântica, e que formaram a base da Química antiga.

Laurie foi até convidada a palestrar na Universidade de Salem sobre como a Bruxaria Tradicional corresponde à Ciência Moderna. Adorei a forma como ela sempre nos ensinou que Bruxaria e Ciência são uma só e a maneira como utilizava métodos de prática únicos, como a Contagem Regressiva do Cristal. Além disso, os praticantes da Tradição Cabot realizam seus feitiços através das energias dos Antigos / Nossos Ancestrais / Poderosos, alguns dos quais são reverenciados (não adorados) como Deusas e Deuses. Eu, pessoalmente, escolho adorar apenas a Fonte, o Todo, enquanto sou reverente a todos os Espíritos menores, que vejo como partes integrantes do Todo. Sou essencialmente um Panteísta. Outra coisa que gostaria de mencionar sobre a Tradição Cabot e sua relação com a Ciência é o impressionante método psíquico de Laurie, ensinado nas aulas de Primeiro Grau. Esse método auxilia o praticante a alcançar o estado de ondas cerebrais alfa. Com essa técnica, os devotos treinam suas mentes para atingir um nível mais elevado de consciência. Embora o cérebro normalmente opere nas ondas beta, teta e delta, o estado alfa é menos comum. No entanto, é ideal para a prática da Magia e para o desenvolvimento e uso das faculdades psíquicas. Essencialmente, a Bruxa fecha os olhos e visualiza uma tela preta. Em seguida, vê os números 7, 6, 5, 4, 3, 2, 1, cada um com uma cor correspondente do espectro do arco-íris: vermelho, laranja, amarelo, verde, azul, índigo e violeta. À medida que passam do vermelho 7 ao violeta 1, os números descem lentamente diante do olho da mente. Esse método, conhecido como "Contagem Regressiva do Cristal", baseia-se em uma metodologia psicológica comprovada. É impressionante como essa técnica se revela eficaz para preparar-se para trabalhos mágicos e, além disso, é bastante fácil de aprender. Este método é fundamental para todos nós na Tradição Cabot e é algo que nunca vi em nenhum outro lugar. Embora, ao estudar com médiuns, eu tenha sido ensinado a entrar em um estado meditativo com telas em branco semelhantes, esse processo costumava levar mais tempo para ser dominado. O método da Contagem Regressiva do Cristal forma praticantes eficientes, mesmo entre os mais novos, em um tempo relativamente curto. Impressionante, sem dúvida!

A Tradição Cabot de Bruxaria possui um templo físico. Criada como uma organização 501(c)(3), trata-se de uma entidade sem fins lucrativos, reconhecida federalmente e estabelecida como uma Igreja legal, tornando-se o primeiro Templo de Bruxaria reconhecido federalmente na história de Salem, Massachusetts. Sua missão é educar as massas sobre a Bruxaria, correlacionando-a com a Ciência Moderna, e ajudar a servir à comunidade.

Criada por Laurie Cabot, a Roda de Cristal foi praticada pela primeira vez pelo Coven Black Doves of Isis, mencionado anteriormente, no final dos anos 1970. Essencialmente, a Roda de Cristal é uma construção no plano astral que paira acima de Salem no alto do céu, uma obra manifestada por anos de trabalho de meditação criativa de muitos Bruxos e Bruxas Cabot em Salem, Massachusetts. Hoje, ela é vista como uma grande roda, completamente composta de cristal, que pode ser acessada com a mente em meditação, visualizando com o Terceiro Olho, a fim de focar as energias de cura para aqueles que precisam, incluindo nós mesmos. É um conduto, um meio através do qual nosso trabalho pode cooperar, ser concentrado e amplificado. Em minha mente, sempre pareceu um grande satélite em forma de roda brilhante em nossa atmosfera, coletando e direcionando energias. Todas as quintas-feiras à noite, às 22:00 EST (Horário Padrão do Leste da América do Norte, como em Nova York), as energias unificadas de todas as Bruxas Cabot (e outras) unem poder com a Roda de Cristal.

Outra técnica singular à Tradição Cabot é o uso de um tabuleiro de jogo. Veja um trecho do *Livro das Sombras* recentemente publicado por Laurie Cabot sobre o tabuleiro:

> O Jogo de Tabuleiro é uma ferramenta que nenhuma outra Tradição usa. Enquanto hoje o relacionamos ao jogo de xadrez, nossos ancestrais o relacionavam ao Jogo da Vida. Nas tradições celtas, era conhecido como *Fidchell* em irlandês, e dizia-se ser uma invenção do Deus Lugh. Nas Tradições Galesas, era conhecido como *Gwyddbwyll*, e aparece no mito conhecido como "O Sonho de Rhonabwy", um conto do Rei Arthur. O Jogo de Tabuleiro consiste em sessenta e quatro quadrados pretos e brancos. Nós o usamos como o centro de nosso altar e colocamos símbolos sobre ele. Você pode usá-lo tanto para feitiços quanto para adivinhação, embora alguns mantenham dois tabuleiros separados para esses

propósitos. Colocamos peças de xadrez, símbolos, raízes, talismãs e pedras sobre o tabuleiro ao lançar feitiços. Em seu centro, você coloca um símbolo de si mesmo. Traga coisas para você à esquerda, usando os quadrados pretos para ajudá-lo a manifestar coisas. Envie coisas para fora ou para longe à direita e coloque-as nos quadrados brancos. Você pode acelerar a Magia movendo as coisas ao redor do seu tabuleiro.

Não faz parte da minha prática regular usar o *Cabot Gaming Board* (Jogo de Tabuleiro Cabot). No entanto, o que eu uso é um altar (*credenza*) feito de carvalho, confeccionado para mim por um maravilhoso amigo argentino. Antes de me tornar um Bruxo Cabot, meu altar já possuía um tabuleiro de xadrez. Escolhi ter minha *credenza* com o tabuleiro de xadrez, por causa da minha herança maçônica (os pisos das Lojas Maçônicas são ladrilhos preto e branco, assim como eram os pisos do templo de Salomão, segundo a lenda), junto à polaridade do yin e yang. Meu background kemético também entra em jogo com meu amor pelo tabuleiro, "assim em cima, como embaixo". Segundo *O Caibalion*: "Tudo é dual; tudo tem polos; tudo tem seu par de opostos; semelhante e diferente são a mesma coisa; opostos são idênticos por natureza, mas diferentes em grau; extremos se encontram; todas as verdades são meias--verdades; todos os paradoxos podem ser reconciliados". Então, parecia natural para mim que o Jogo de Tabuleiro Cabot fosse usado como uma ferramenta de lançamento de feitiços mais tarde em minha vida.

Cada ano tem dois lados: os períodos de luz e de escuridão. E essas partes são divididas em oito partes no ano da Bruxa. Estes são os Oito Sabbats, conhecidos como a "Roda do Ano" histórica, cultural e agrícola. Para ser mais preciso, muitas tribos celebravam apenas quatro ocasiões, os dois Solstícios e os dois Equinócios, como os altos Sabbats

Sagrados. As Bruxas adotaram os outros quatro Sabbats com base em descobertas históricas, como parte das criações amalgamadas das Tradições Neopagãs.

O primeiro dos Oito Sabbats marca o início do ano da Bruxa. É conhecido como *Samhain*, celebrado em 31 de outubro no Hemisfério Norte (a mesma data do *Halloween*, e não por acaso, pois é a observância original que eventualmente ele se tornou o Halloween). Geralmente, a Reverenda Mãe elabora e escreve um novo ritual para a ocasião a cada ano. É o seu feriado sagrado mais importante, e ela pessoalmente assume a responsabilidade pelas festividades e observâncias.

Lembro-me de uma época, nos anos 1980, quando Salem, Massachusetts, era menos habitada do que é agora. O *Halloween* era pitoresco, até encantador. Os acontecimentos assombrosos estavam apenas começando lá. Salem possuía um charme do Velho Mundo. Ao longo dos anos, muitos apelidos foram dados a Salem - "Centro do Halloween", "Cidade das Bruxas", entre outros. É melhor visitar Salem nessa época do ano se você for um novato ou turista. Nos últimos anos, Salem se tornou um destino turístico popular, e as pessoas adoram tirar fotos com a estátua de Elizabeth Montgomery (do popular programa de TV, *A Feiticeira*). Eu geralmente escolho viajar para Salem em épocas menos congestionadas, pois não gosto de multidões tão grandes. Vamos examinar os outros sete Sabbats, no sentido tradicional da família Cabot.

YULE (Solstício de Inverno, por volta de 21 de dezembro no Hemisfério Norte) - No Yule, fazemos nossos próprios enfeites para decorar a "Árvore de Yule", representando a grande família Cabot. Aproveitamos para honrar os muitos anos de ensino de nossa Reverenda Mãe e geralmente lhe damos presentes. Costumamos participar do *Toys for Tots* e de outras formas de ajudar crianças e famílias menos afortunadas. Uma coisa significativa que sempre fazemos em nosso ritual é a "mudança da guarda", onde encenamos a batalha entre o Rei Azevinho e o Rei Carvalho, após a qual o vencedor, o Rei Carvalho, começa seu reinado quando o sol renasce. Tradicionalmente, nosso querido Ernest tem desempenhado o papel do Rei Azevinho, e o amamos por isso. Nossa amada Alta Sacerdotisa Reverenda Memie Watson sempre nos encanta com sua representação da Fada do Açúcar.

IMBOLC (1º de fevereiro no Hemisfério Norte) – Nossa herança celta realmente brilha no Imbolc, onde focamos nossa adoração na Deusa Brigit, pronunciada como Breed em galês, e às vezes apresentada como Brid, Brighid, Bride Bridget e Brigitte, dependendo do idioma. Brigit sempre foi a Deusa celta pela qual me senti atraído. Quando menino, eu gostava especialmente do Imbolc. Minha família deixava a porta entreaberta e acendia a vela votiva para a Deusa Brigid entrar. Sua chama acolhedora era minha inspiração.

Sempre gostei de Lugh, que também era um avatar radiante e cativante de Deus para mim, como o Deus da luz dourada do sol. Aqui está uma invocação inspirada a Brigid:

Invocação a Brigid, por Alexander Cabot:

Deusa de cabelos avermelhados e dourados,
Com a porta entreaberta na véspera de Imbolc,
Que você brilhe como uma vela acesa em seu nome.

OSTARA (PRIMAVERA, OU EQUINÓCIO VERNAL, 21 DE MARÇO NO HEMISFÉRIO NORTE) – A primeira coisa que penso pessoalmente é a conexão com a lebre branca e Ostara. Dizem que ela transformou um pássaro em uma lebre, que então pôs ovos coloridos usados em seu festival. Ela carrega o símbolo da vida recém-nascida, fertilidade e o despertar da natureza. Como tem um ministério de fadas, a Reverenda Alta Sacerdotisa Jacq Civitarese é geralmente responsável por presidir este Sabbat.

BELTANE (DIA DE MAIO, 1º DE MAIO NO HEMISFÉRIO NORTE) – Os Cabot celebram este adorável feriado permitindo que as crianças decorem o Mastro de Maio no Templo, guiadas por Altos Sacerdotes e Altas Sacerdotisas para tecer as fitas. As crianças realmente adoram esta atividade, e gostamos de manter o foco nelas. Honramos o Deus Cornífero, Cernunnos, e consideramos este como o primeiro dos ritos relacionados ao Fogo do Ano, marcando a centelha sagrada da vida que gerou outra vida. Nossos representantes canadenses, nomeados Lady Leslie e Lord Jeff, sempre têm a honra de projetar e escrever o ritual de Beltane a cada ano em colaboração com Bree Bella Cabot, até o momento desta escrita.

LITHA (SOLSTÍCIO DE VERÃO, 21-22 DE JUNHO NO HEMISFÉRIO NORTE) – Sempre gostei muito de celebrar o Solstício de Verão. Litha, Dia da Colheita e Meio do Verão são alguns de seus nomes. Os Cabot adoram criar decorações juntos para honrar nosso Deus e Deusa em Litha, e vários Altos Sacerdotes e Sacerdotisas têm a honra de escrever o ritual e presidir as festividades. Sempre encenamos novamente a batalha do Rei Carvalho e do Rei Azevinho, e o vencedor desta vez é o Rei Azevinho, pois o sol diminui e as noites começam a prevalecer sobre os dias.

Oitenta anos de Laurie Cabot e meu presente, uma boneca realista do Brasil

LAMMAS (LUGHNASADH, 1º DE AGOSTO NO HEMISFÉRIO NORTE) – Os Cabot veneram Lugh nesta época. Certa vez escrevi esta invocação para ele:

LUGH, DEUS DA FORÇA, COM SUA PODEROSA LANÇA,
VENHA E TRAGA SEU BRILHO SOBRE NÓS ENQUANTO
UNJO A VELA DOURADA.

Essa ocasião há muito marca a primeira grande colheita do ano, e frequentemente a decoramos com trigo.

MABON (EQUINÓCIO DE OUTONO, 21 DE SETEMBRO NO HEMISFÉRIO NORTE) – Reencenamos a mãe, Modron, chorando por seu filho, Mabon, do Mabinogion. Recordo que decoramos tudo com muitas folhas de outono, todas em tons de laranja, marrom e vermelho. Consideramos esta ocasião como o Dia de Ação de Graças das Bruxas e fazemos um jantar comunitário de Ação de Graças.

Aos 88º anos, a Reverenda Mãe ainda ensina. Ela nos honra a todos com sua presença nas redes sociais. Laurie Cabot foi excepcional ao concordar em realizar leituras para as massas durante a pandemia de 2020. Ela é um ícone e uma força a ser reconhecida em Salem, Massachusetts e além. Cabot estende seu legado aos seus clérigos, que eu carrego com dignidade, integridade e respeito. Sempre serei grato a ela por suas muitas contribuições à Arte e à minha própria vida.

Penny Cabot relata:

> A primeira vez que me lembro de ter encontrado Alexander foi na Gruta das Fadas da antiga loja de Laurie Cabot, de pé sob a árvore de fadas Hawthorn interna. Sobre sua cabeça havia

A Ministra Verde, Cabot Kent Hermetic Temple
Reverenda Penny Cabot, Alta Sacerdotisa

uma faixa pintada à mão, dando as boas-vindas ao Tuatha de Danann. Atrás dele, poemas de Yeats decoravam as paredes em papel pergaminho, com as palavras manchadas de marrom com chá. Alexander estava se inscrevendo para a aula. Esse foi o começo de uma nova jornada espiritual para ele na Tradição Cabot. Vi um homem elegante, com um rosto cheio de aventura, começando um caminho que o levaria a ponderar e questionar tudo. A Magia, quando questionada, extrai da mente universal tarefas especialmente designadas (ego vs. bondade; amor-próprio vs. autoestima, e assim por diante), ajudando o consulente a crescer. Sua nova jornada havia começado. Na época, eu não sabia o quanto ele já havia experimentado. Este era apenas um novo capítulo do *Livro das Sombras* que sua vida escrevia. De Danu a Cerridwen, Alexander aprendeu e cresceu, movendo-se pelo caminho cuidadosamente preparado. Ele foi calorosamente cuidado nesta comunidade bem equipada, iluminada com gentileza e amor-próprio e lar. Ele sempre foi protegido por sua Magia, consistente e intencional. Aqui estamos, mais de uma década depois, e me encontro escrevendo para você sobre Alexander Cabot, Reverendo Alto Sacerdote da Tradição Cabot e Embaixador no Brasil. Alexander encontrou sua soberania pessoal através do conhecimento e tradição que adquiriu. Ele honra os Deuses e Deusas, especialmente a Grande Mãe, com gratidão e humildade. Estou muito orgulhosa de apresentar as palavras de sua vida e suas lições, e orgulhosa de chamá-lo de "meu irmão Cabot".

Ao lado está uma pintura original de Penny Cabot, retratando Hécate. Entre muitas outras coisas, associo Hécate à abelha, pois dizia-se que Medeia, sobrinha da grande Bruxa Circe e Sacerdotisa de Hécate, usava abelhas hipnotizadas em sua invocação de Hécate. Heródoto chamou Medeia de Grande Deusa das tribos arianas da Pártia, e Plínio, o Velho, escreveu que sua Magia controlava o sol, a lua e as estrelas. Que poderoso símbolo de Hécate, então, são as abelhas!

Michael Waterman, um querido amigo meu, deu-me a letra de uma canção, que sempre vi como um feitiço para invocar Hécate. Conheci-o há muito tempo, na The Magickal Childe em Nova York. Ele era uma fonte de conhecimento sobre muitas Tradições antigas de Magia e um professor de egiptologia. A Sleepin' Bee foi originalmente escrita para o musical House of Flowers, de 1954, baseado na novela de Truman Capote com o mesmo nome. Situada no Haiti, a produção contou com um trio de tambores de aço (conhecidos como *pannists*) de Trinidad. A música foi composta por Harold Arlen, e a letra foi escrita por Truman Capote e Harold Arlen, em 1954 (uma das versões está aqui, cantada por Barbra Streisand – veja também a versão de Tony Bennett para outra perspectiva):

Quando uma abelha está dormindo
na palma da sua mão
você está enfeitiçado profundamente.
Na terra há muito procurada do Amor,
onde você verá um céu ao nascer do sol
com uma lua da manhã,
e onde os dias passam rindo
enquanto o amor vem te chamando.
Durma, abelha, não acorde,
não posso acreditar no que acabou de acontecer
ele é meu para ser conquistado
estou feliz, finalmente.
Talvez eu sonhe,
mas ele parece doce e dourado como uma coroa.

Uma abelha adormecida
disse-me
que eu andarei com os pés fora do chão
quando meu único amor verdadeiro, eu encontrar.
Durma, abelha, não acorde,
não posso acreditar no que acabou de acontecer,
ele é meu para ser conquistado
estou feliz, finalmente.
Talvez eu sonhe,
mas ele parece Dourado como uma coroa.
Uma abelha adormecida
disse-me
que eu andarei com os pés fora do chão,
quando meu único amor verdadeiro, eu encontrar!

Em homenagem à minha Reverenda Mãe e para ilustrar minha profunda apreciação pela Tradição Cabot, deixo ao leitor a seguinte invocação que escrevi:

Enquanto uso o Óleo de Júpiter de Laurie Cabot,
unjo a vela da Deusa e do Deus.
Eu entro em Alfa.
Eu trago à tona o masculino e o feminino.
Ao acender esta vela,
da Deusa, a Sabedoria nasce;
Ao Divino Masculino, o conhecimento é dado.
Assim seja!

Capítulo Nove

Pedras Celestiais

Juramos pela paz e pelo amor permanecer
Coração a coração, e de mãos dadas
Observe, ó Espírito, e nos ouça agora
Confirmando isso, nosso voto sagrado.

– Juramento Druida da Paz

Tive a honra e o privilégio de me encontrar com Alexander em duas ocasiões distintas, no Acesso Aberto Gerenciado, em Stonehenge, e o considero um Reverendo e Alto Sacerdote conhecedor e capaz, possuindo as qualidades gêmeas de reverência silenciosa e carisma em igual medida, um equilíbrio raro na comunidade Pagã. Estou feliz em chamá-lo de meu amigo e companheiro de viagem nesta jornada.

– Rei Arthur Pendragon, Druida Sênior
e Sacerdote Pagão

Stonehenge, 2015

Em algumas ocasiões especiais, visitei a Inglaterra e certamente planejo voltar novamente. Cada vez que visito Stonehenge, uma formação pré-histórica de pedras localizada no campo de Wiltshire, é um grande destaque. As pedras têm em média treze pés de altura e sete pés de largura. Cada pedra pesa aproximadamente 25 toneladas. Stonehenge é uma das estruturas mais reconhecidas do mundo e sempre senti uma ligação espiritual com esse lugar.

Mas o local nem sempre foi como vemos hoje. Existem representações artísticas e aproximações de arqueólogos sobre como Stonehenge era antes, mas as ruínas estavam em um estado menos preservado em 1901 do que parecem estar hoje. Naquele ano, pelo menos uma pedra foi endireitada e fixada em concreto, para evitar que caísse e ferisse alguém. Renovações mais detalhadas foram realizadas na década de 1920, quando pelo menos seis pedras foram erguidas e fortificadas e, novamente, um pouco mais tarde, foram tomadas mais ações de restauração. A maioria das pedras que estão de pé agora estavam caídas no início do século, segundo algumas fontes. Um artigo de Emma Young, de 2001, encontrado on-line no *New Scientist*, diz: "A maioria de um milhão de visitantes que visitam Stonehenge na Planície de Salisbury todos os anos acredita que estão olhando para restos intocados de 4.000 anos. Mas praticamente todas as pedras foram reerguidas, endireitadas ou embutidas em concreto entre 1901 e 1964", e ela credita isso a um estudante de doutorado britânico. Não é apenas Stonehenge – muitas das pedras em Avebury foram erguidas na década de 1930. Se o que vemos é a localização e formação original das pedras ou não, mantenho que existe uma qualidade espiritual tangível sobre o lugar e aquelas pedras, e elas me chamam de volta.

A primeira vez que visitei Stonehenge foi com um grupo de turismo, passando por muitas das estruturas megalíticas e outras maravilhas antigas da Inglaterra. Eu tinha um grande aniversário chegando e queria celebrar com as energias naturais e a grandeza antiga do Reino Unido. Tive minha irmã Cabot, Tracy Claudio, comigo nessa viagem. Foi no outono de 2015 que seguimos até lá para o Equinócio de Outono. Fomos apresentados por um conhecido a um grupo de druidas e permitidos estar presentes para a cerimônia do "Nascer do Sol" liderada por Arthur Pendragon, realizada no famoso local de Stonehenge! Quando nos aproximamos dos campos às quatro da manhã, fomos parados por guardas da English Heritage, uma organização oficial que cuida de mais de 400 monumentos históricos em toda a Inglaterra. Fomos instruídos a ir para outra seção dos campos que estava reservada para os druidas e observadores (éramos observadores, é claro). Então, esperamos até que a procissão começasse. Quando entramos no caminho, liderados pela ordem druídica, senti como se estivesse seguindo os passos de nossos ancestrais até essa estrutura neolítica.

Para que Stonehenge foi originalmente criado? O local foi usado para algo diferente em outros momentos de sua longa história? Existem muitas hipóteses sobre o propósito original ou a reutilização de Stonehenge, desde ter sido um Templo até ser um cemitério, desde um local de observação astronômica até um método de traçar rotas para navegar pelos oceanos. Alguns viam-no como um lugar de sacrifício, outros como um local de tecnologia antiga perdida e evidência de disciplinas científicas antigas. Alguns apontam que o local foi construído sobre uma grande interseção de linhas ley, outros destacam sua localização nas coordenadas globais e alinhamentos com outros sítios antigos. Alguns falam de alienígenas, outros de Deuses, e ainda outros de tecnologia humana antiga perdida. Alguns provaram que pode ter sido construído por humanos com apenas os materiais mais básicos, enquanto outros insistem ser impossível para as pessoas daquela época tal empreitada. Observei os debates com interesse, mas o fato é que Stonehenge ainda nos intriga de muitas maneiras.

Fui tomado pelas energias do local enquanto subíamos o monte e entrávamos no círculo, atento às constelações de estrelas brilhando sobre mim. Forças hipnotizantes estavam presentes, e parecia que estávamos entrando em uma convergência temporal. Lembro-me de fotografar uma mulher enquanto ela estava ao lado das pedras, e um feixe de luz foi capturado na minha foto. Muitos momentos memoráveis acompanharam a experiência, algo que eu espero repetir.

Depois do círculo, fomos levados à Pedra do Calcanhar. Ela indica o lugar do horizonte onde o nascer do sol do Solstício de Verão aparecerá, quando visto do centro do círculo. Eu espero um dia voltar para o Equinócio de Outono. Arthur Pendragon me contou que havia restos humanos enterrados na base de muitas pedras, que foram retirados e encaixotados por arqueólogos e armazenados em um museu. Ele me perguntou se eu poderia obter assinaturas americanas para uma petição ao governo britânico para a devolução desses restos, considerados sagrados pelos druidas. Eu disse que sim, e consegui. Aproximadamente mil assinaturas de Massachusetts e Nova York foram coletadas. Até agora, os guardiões não foram devolvidos aos seus lugares, embora um tribunal tenha ordenado isso. A luta atual é conseguir que o museu coopere com a decisão. No entanto, meu coração está com os druidas e sua luta contínua para trazer os "guardiões" para casa.

Entre muitas paradas interessantes na nossa viagem, também visitamos o que é hoje conhecido como "Woodhenge", e surgiram muitas questões: Será que este local é mais antigo que Stonehenge? Poderia ter sido inspirado por ele? Adorei ver e sentir as vibrações da área e imaginar seu propósito. É como descobrir mais de mim mesmo enquanto exploro sítios antigos na Grã-Bretanha. Lembro-me do lindo luar sobre Woodhenge quando o visitamos, e isso deixou uma impressão duradoura em meu coração.

Em 2019, visando o Solstício de Verão, viajei novamente para a Inglaterra com meu amigo próximo e irmão, David Moore. Eu não dirijo, então realmente apreciei a liberdade de viajar que tivemos quando alugamos um carro e ele nos dirigiu pelo país. Não posso nem listar todos os lugares que visitamos, mas compartilharei alguns destaques. Embora tenhamos visto muitos locais incríveis e tido experiências espirituais marcantes (algumas das quais relatarei aqui), o impacto mais poderoso desta viagem em minha vida foram as conexões que fizemos com pessoas maravilhosas. Fui inicialmente convidado por Pia Morgan para me juntar a ela e a algumas centenas de seus amigos em um evento chamado "Pagan Tribal Gathering" perto de Nuneaton.

Para começar, reservei um espaço para nós em uma casa de hóspedes com uma senhora maravilhosa que um amigo me apresentou, Susan Marie Paramor. Sua gentileza e atitude acolhedora foram precursores de uma amizade bela e duradoura. Ela era inimaginavelmente conhecedora e talentosa como Sacerdotisa druídica e herbalista, uma Bruxa poderosa, curandeira e sábia, mas também musicista, poetisa e barda treinada. Sua casa era uma verdadeira fonte de conhecimento, com uma biblioteca impressionante de informações druídicas, detentora de informações exclusivas sobre a renovação de Stonehenge deixadas por um historiador e druida, e equipamentos musicais que basicamente equivaliam a um estúdio de música totalmente funcional. O terreno incluía um apartamento na garagem habitado por um homem adorável, com quem ela tocava música, uma linda tenda *iurte* do lado de fora e um conjunto de cabanas nos fundos, perto da *iurte*, na área do jardim. A morada principal, onde ficamos, era decorada com bom gosto e nos fazia sentir em casa. Ela nos servia um delicioso café e torradas pela manhã, com geleias e compotas que ela mesma fazia, e nos encantava com champanhe de flor de sabugueiro e abraços calorosos. Imediatamente a amamos como um membro de nossa própria família, e ela é um tesouro que continua brilhando em nossas vidas até hoje. Esse foi apenas o começo da expansão de nossos corações na Inglaterra nesta jornada.

Não só desfrutamos da estadia na casa de Susan, como também tivemos a oportunidade de explorar lugares profundamente significativos com ela. Susan nos levou ao seu carvalho sagrado na Floresta de Savernake, a caminho de Avebury, onde, com sua permissão, nós nos conectamos com ele e com outras árvores antigas. Sua maneira de interagir com essas árvores tocou profundamente meu coração. Durante nossa visita, ela nos ajudou a aprender algumas letras de uma bela canção dedicada à Deusa, ainda em processo de criação. Também tivemos a chance de ver o famoso carvalho Belly Oak, onde David se sentou em seu interior. Susan também nos apresentou ao seu segundo bosque sagrado, uma reserva de antigos e místicos teixos em Hare Warren Wood, perto de Wilton. Ela nos alertou sobre os efeitos tóxicos dessas árvores e como manuseá-las com segurança. Além disso, contou-nos que a terra ali pertencia ao primeiro Conde de Pembroke desde 1551, quando foi dada a ele com a Abadia de Wilton, e que a família a possui desde então. Ela nos fez humilde ao nos mostrar como tratava a árvore rainha, reverenciando-a. Suas belas canções cantadas conosco naqueles bosques são lembranças que guardarei para sempre. Entre elas, uma canção ainda em desenvolvimento, chamada "The Goddess Song", gravada pela primeira vez em uma segunda-feira, 19 de abril de 2021, enquanto eu concluía este trabalho. Susan, uma verdadeira Sacerdotisa da terra, também nos encantou com uma apresentação ao vivo de sua banda, Car Dia. Sua música tocou as almas de muitos e a experiência foi verdadeiramente enriquecedora. Hoje, ela se tornou uma das minhas amigas mais queridas.

Enquanto estávamos na casa de Susan, ela nos levou à sua tenda *iurte*, e realizou um ritual especial para dedicar meu tambor, usando fogo e água. Ela pediu a David que montasse um altar, o que ele fez com reverência fiel. Trouxemos o tambor e lançamos nosso círculo. Foi um ritual verdadeiramente comovente para compartilhar com ela naquele belo espaço.

Susan foi nossa guia para Stonehenge nesta viagem, e nos apresentou a outros locais e a alguns grupos de druidas. Um destaque foi quando ela nos apresentou a Silbury Hill e ao West Kennet Long Barrow enquanto estávamos a caminho de Avebury. Seguimos por um caminho através de um campo de trigo atemporal até Barrow, e ela foi uma excelente guia, explicando algumas das lendas locais e mistérios em torno de Silbury Hill, que podíamos ver claramente de nossa posição ao sul. A Wikipédia compartilha que Silbury Hill é uma "colina artificial pré-histórica perto de Avebury. "Com 39,3 metros (129 pés) de altura, é o montículo pré-histórico mais alto feito pelo homem na Europa e um dos maiores do mundo", mas o que realmente nos fascinava era a maneira mágica como ela o descrevia. Lembro-me das imagens e sentimentos em minha mente mais do que suas palavras reais, sobre como uma lenda falava sobre um rei chamado Sil, seu cavalo, e suas riquezas que foram enterrados ali. Alguns afirmam que é uma antiga pirâmide de degraus, e há evidências nessa direção, bem como uma história de restos humanos sendo encontrados perto de seu cume. Permanece em grande parte um mistério, mas vale a pena ler sobre ele. Susan me disse para pegar um pouco do trigo pelo qual estávamos passando, e eu peguei, e guardei como um *souvenir*. O Rei Sil, mencionado acima, foi enterrado ali com seu cavalo, e é daí que vem o nome – *Silbury*, "onde Sil foi enterrado". Você não pode encontrar essas maravilhosas lendas em uma simples pesquisa no Google na maioria das vezes –, mas nossa druida favorita era uma fonte de tal conhecimento. Ela disse que pesquisou aquele monte por dois anos enquanto escrevia uma canção sobre ele para um de seus álbuns, e até a cantou conosco.

Quando chegamos a Barrow, que inicialmente parecia apenas um monte de terra e grama, fomos surpreendidos pela majestosa entrada de pedra megalítica que se revelou diante de nós. A imponência do local imediatamente me encantou. Adentramos o antigo túmulo escavado e passamos por câmaras funerárias à esquerda e à direita, até chegarmos à câmara traseira. Cerca de cinquenta pessoas foram originalmente enterradas ali, e uma energia espiritual palpável permeava o ambiente, apesar dos restos mortais terem sido removidos pelos escavadores. Susan começou a nos explicar sobre o local, sempre com sua habitual informação e gentileza, quando, de repente, avistei uma aranha na parede da última câmara. Nesse momento, fui transportado para fora dos meus sentidos normais e envolvido por um vórtice espiralado e escuro que se elevava. A princípio, senti um medo profundo de ser

West Kennet Long Barrow, 2019

absorvido permanentemente pelo vórtice, enquanto sentia uma força me puxar para cima. Pedi a Susan que segurasse minha mão para me ancorar, e ela instruiu David a fazer o mesmo. Enquanto eu flutuava para cima, encontrei espíritos suplicantes de homens, mulheres e crianças que não queriam ser esquecidos, perdidos no tempo. Eles haviam vivido e morrido ali em alguma tragédia, e, durante esse transporte mágico, meus sentidos foram invadidos pelas suas vozes e rostos. Enquanto eu vivia essa experiência extracorpórea, algo muito diferente estava ocorrendo para Susan e David. Meu corpo parecia ser habitado por uma presença maior e mais forte do que eu, e falava em espanhol com uma voz mais profunda que a minha. Eles não conseguiram compreender muito, mas David, com seu talento para línguas (apesar de seu espanhol rudimentar), acredita que essa presença tenha concedido a eles uma bênção no final. Aquele espírito causou uma forte impressão em Susan e David. Enquanto ele deixava meu corpo, eu, aos poucos, fui retornando à consciência. No início, fiquei um pouco atordoado, "fora do ar", como Susan descreveu. Ela nos conduziu de volta à luz do dia, que começava a se apagar, e tirou uma foto minha. Segundo ela, a foto revelava no meu rosto a evidência do que havia acabado de acontecer. Ela confirmou que muitos consideram a câmara traseira como um "portal". Parece que sim! Só me dei conta da entidade que os abordou enquanto eu estava em comunhão com os espíritos dois anos depois, ao trabalhar nessas memórias. Fiquei surpreso ao descobrir o que eles haviam vivenciado.

Durante o tempo que passamos com Susan, além das viagens, ela nos convidou para um encontro de druidas em Avebury, o maior e possivelmente mais antigo círculo de pedras da Inglaterra. Após visitar o West Kennet Long Barrow e outros locais, chegamos a Avebury na véspera do ritual de lua cheia. Dennis, que conduziu a cerimônia, e outros participantes encantadores, reuniram-se conosco no local conhecido como Moonstone. O rito foi deslumbrante e apresentou diferenças notáveis em relação aos que estávamos acostumados nos Estados Unidos. Ficamos fascinados ao saber que há, de fato, uma série de sete círculos de pedras, localizados em um alinhamento perfeitamente reto no mapa, e Stonehenge parece não ser o maior, nem o mais antigo. Stonehenge é composto por algumas das maiores pedras, então talvez isso explique sua maior fama. Outra razão pode ser que Avebury está em um estado de maior ruína, mesmo após alguns esforços de renovação terem sido feitos. Avebury, interessantemente, está no centro dos sete, e é o maior. Achamos o local encantador, e as pessoas ainda mais. O Esbat foi realmente bonito, e fomos honrados por participar.

Finalmente, chegou o momento de nos reunirmos com as multidões em Stonehenge para a observação do Solstício de Verão e encontrarmos meu amigo Arthur Uther Pendragon. Quando chegamos, a área que havíamos escolhido para nosso trabalho estava ocupada por vendedores de comida e multidões de pessoas de todo o mundo, muitas delas festejando e subindo desrespeitosamente nas pedras. Fomos então direcionados para a chamada "Pedra do Calcanhar", onde tivemos alguns momentos tranquilos para realizar nosso ritual. Em Stonehenge, a Pedra do Calcanhar marca o ponto de vista do Solstício de Verão a partir do centro do círculo de pedras. Como Arthur descreve: "O que você está celebrando, em um nível místico, é que você está olhando para a luz em seu ponto mais forte. Representa coisas como o triunfo do rei, o poder da luz sobre as trevas e simplesmente a vida – a vida em sua plenitude."

Arthur nos conduziu no juramento druídico da paz e, para minha grande surpresa, fui oficialmente introduzido em seu *Loyal Arthurian Warband.* Muitos acreditam que ele é a reencarnação do lendário Rei Arthur. Como tal, fui induzido a ajoelhar no centro do Círculo, e Arthur me nomeou Cavaleiro, tocando cada ombro com sua espada e me acolhendo como irmão. Senti-me profundamente honrado e humilde. Minha lealdade ao Warband será, sem dúvida, eterna.

Enquanto observávamos o sol se pôr e caminhávamos ao redor, tocando as pedras do *henge*, um grupo de pessoas, pertencentes a uma Tradição Galesa de cantores e praticantes mágicos, todos vestidos com mantos cerimoniais vermelhos, entrou para curar a terra com uma encantadora canção/canto, que todos nós pudemos acompanhar. À medida que todos redirecionavam seu foco e se juntavam ao grupo, a experiência espiritual se tornava cada vez mais poderosa para todos nós. Continuamos entoando as belas palavras, muitos de nós cantando em nossos volumes mais altos, e uma intensa onda de energia foi gerada. Quando eles liberaram essa energia juntos, fomos tomados por um sentimento espiritual comovente, uma camaradagem maior e uma amizade que não precisava ser dita. Independentemente da diversidade da multidão e de como o evento havia começado, todos sentimos uma conexão especial com a terra após a canção em comunhão. Embora a celebração continuasse para os festeiros, nós experimentamos algo solene, poderoso e duradouro. Após nos despedirmos dos queridos amigos druídicos, fizemos a longa caminhada de volta ao nosso veículo.

Arthur Uther Pendragon e
Alexander Cabot, 2019

Quando chegou a hora de nos despedirmos de nossa querida Susan Paramor, ficamos encantados ao saber que ela estava quase certa de que dirigiria até o Pagan Tribal Gathering, perto de Nuneaton, para se juntar a nós! Estávamos ansiosos pelo reencontro e seguimos nosso caminho para continuar a aventura. Houve, na verdade, várias outras excursões antes do encontro, e a mais notável pode ter sido Tintagel.

Por algum motivo, fiquei completamente encantado com o Mar Céltico. Sabia que seria importante para mim, mas nada me preparou completamente para a poderosa sensação de Magia no ar ali. A caverna de Merlin, o lugar onde se acreditava que o lendário Mago viveu e praticou, estava fechada devido a obras de restauração, mas ficamos emocionados em visitar as ruínas do castelo e ver aquele mar incrível. Nas proximidades, ainda tivemos uma experiência verdadeiramente especial. Por introdução de Susan, fomos à casa do Professor Roland Rotherham em Tintagel, Cornwall.

O Professor Rotherham, ou Tio Roly, como nos disseram para chamá-lo, era talvez o maior especialista do mundo em Lenda Arturiana, tendo se formado nisso na Universidade. Ele era um escritor e palestrante britânico aposentado, especializado em lendas e folclore medievais, com foco especial em Rei Arthur, Merlin e Glastonbury. Sua introdução na Wikipedia também menciona sua destreza no tema da culinária histórica. Ele foi apresentado como "Professor Roland Rotherham B.A. (Hons), M.A., Ph.D., Ed.D, M.I.H.G.S e é dito que possui diplomas em Estudos Antigos e Medievais, Cultura Anglo-Saxônica, Heráldica, Cultura Anglo-Normanda, Estudos Culturais Antigos e Medievais, e Educação". Um viajante do mundo, tendo servido na cavalaria no estado-maior pessoal de Sua Majestade a Rainha da Inglaterra, ele tinha um ar cavalheiresco no momento em que o conhecemos, mas não era nada "empolado" como se poderia imaginar. Em vez disso, ele era gentil, um servidor público, e estava ajudando uma jovem com um problema espiritual antes de poder se concentrar em nossa visita. Ele nos levou a um Salão Arturiano nas proximidades para sua ordem.

Roland não era apenas membro da Ordem da Fraternidade dos Cavaleiros da Távola Redonda do Rei Arthur (um nome comprido), ele tinha uma cadeira especial voltada para o trono no salão deles e ocupava uma posição que era uma espécie de principal conselheiro do Rei em sua estrutura. Roland nos informou que nunca se sentou no trono, pois não era permitido para ele, embora qualquer outra pessoa fosse incentivada a fazê-lo. Aproveitei a oportunidade para me sentar no trono e tirar algumas fotos, observando que ele mantinha uma distância respeitosa dele. Tio Roly nos levou lentamente pelo salão e nos mostrou algumas relíquias que eles abrigavam lá. De maior interesse estavam cenas detalhadas em vitrais ao redor do salão, no alto das paredes. Ele nos contou que o processo iniciático e de crescimento dentro da ordem exigia um estudo cuidadoso dessas imagens, e ser capaz de extrair informações suficientes delas para responder a perguntas muito difíceis era necessário para avançar. À medida que os iniciados conseguiam satisfazer seus instrutores em cada cena de vitral, podiam passar para a próxima, trabalhando lentamente seu caminho pelo salão. Era um trabalho de anos para eles, em vez de horas, e desfrutamos de uma breve análise de algumas delas com sua orientação. Uma delas apresentava a Lança do Destino, e nos divertimos discutindo a história com ele. O Professor era uma fonte poderosa de informações, e saímos com corações e mentes transbordando.

Quando nos despedimos e deixamos a acolhedora casa de Susan, como mencionado anteriormente, nossa expectativa para o encontro só aumentava. No caminho, passamos por uma placa para Locksley, e David teve seu momento de fã, pensando em Robin Hood. Sua empolgação foi ainda mais intensa quando passamos por placas para a Floresta de Sherwood. Talvez possamos explorar esses lugares em uma futura visita. Quando chegamos à área perto de Nuneaton, encontramos o caminho para a pousada rústica e o acampamento, de propriedade de Chris e Dee White, um casal adorável que trabalhava duro para atender os hóspedes e manter o local. A hospitalidade deles era incomparável, definitivamente eu gostaria de voltar. Durante o encontro, minha função principal era realizar a palestra "Tea Time with the Cabots", usando uma apresentação em PowerPoint em uma pequena sala de concertos. Era um espaço aconchegante, e acabou completamente lotado com ouvintes entusiasmados, com espaço apenas para ficar em pé à medida que avançávamos. Fiquei honrado em compartilhar minha mensagem com todos eles. David fez um pequeno workshop sobre empatia um pouco mais tarde durante o evento, e foi bem recebido. Enquanto estávamos lá, fui surpreendido ao ser convidado para realizar um *handfasting* na área da fogueira. Estou acostumado a me preparar com antecedência, mas fui devidamente treinado e sou bastante experiente, então aceitei a tarefa e decidi improvisar. Para minha alegria, não só fluiu bem, mas os espectadores ficaram maravilhados com a energia e a qualidade vibracional do rito. Eles murmuravam sobre como foi maravilhoso até algum tempo depois, e fiquei feliz em ver o jovem casal animado ao unir suas vidas. Que maneira especial de construir uma conexão com as pessoas, a terra e representar a Tradição Cabot em solo inglês! Sabia que Laurie ficaria orgulhosa se estivesse lá.

Deliberadamente pulei um destaque importante da minha segunda viagem à Inglaterra anteriormente. Queria guardar esta parte para o final, levando aos pensamentos finais deste livro. Enquanto viajávamos para vários locais e depois retornávamos à casa de Susan, durante nossa primeira semana lá, fomos a Glastonbury. Conseguimos nos conectar com Sorita d'Este, uma escritora bem conhecida e Alta Sacerdotisa da Tradição Alexandrina, devota de Hécate. Sorita foi um raio de sol em nossa viagem, e ela entusiasticamente nos acompanhou (e até pagou nossa entrada) aos belos Poços do Cálice. Ficamos maravilhados com a cultura tranquila e contemplativa ali, e a atitude solene das pessoas que vinham para orar silenciosamente e/ou meditar. Tiramos fotos e discutimos suavemente a história do local, fizemos oferendas em um dos poços, e então decidimos que precisávamos ver o Tor de Glastonbury, enquanto tínhamos nossa guia local à disposição (por sugestão dela, é claro), e fomos. Quando vimos o Tor, não nos decepcionamos, ele tinha realmente uma certa impressão majestosa. É o que resta de uma antiga igreja construída no alto daquela colina, e Sorita nos deu a história com seu vasto conhecimento do folclore local. Então tivemos uma surpresa agradável ao descer a colina – ela e seu parceiro tinham um terreno ali na sombra do Tor, e estavam cultivando belas plantas nele. Ela nos levou a um círculo que tinham ali e compartilhou algumas informações sobre a vida vegetal ao nosso redor. Estou ansioso para ver o que eles continuarão a fazer com aquele terreno com o passar do tempo – estava começando de forma encantadora. Fomos convidados à casa dela, conhecemos seu filho gentil e fizemos um tour por seu famoso jardim. Ela é um recurso valioso para a comunidade e uma Elder importante, eu me considero realmente sortudo por conhecê-la. Desde a viagem, Sorita e eu nos tornamos amigos próximos e eu a valorizo muito.

Quais aventuras ainda estão por vir? Como encontrarei novas maneiras de servir minha Deusa? Talvez uma versão atualizada deste livro esteja disponível no futuro. Vamos todos honrá-La em nossas vidas.

Para a Deusa Onipotente, concluo estas, minhas memórias espirituais:

Poderosa Mãe, Sempre comigo, desde o começo, até o fim. Eu te honro através do serviço de minha vida.
Assim será!
Seja uma Luz na Escuridão Para que você possa ser
O Equilíbrio do Universo.

Reverendo e Alto sacerdote
Alexander Cabot

Sorita d'Este e Alexander Cabot,
Glastonbury

Considerações Finais

Por Sorita d'Este

Como autora e editora, aprendi há muito tempo que a história de um livro não começa com as primeiras linhas, nem termina com as últimas palavras. Os livros têm o potencial de transformar consideravelmente tanto seus escritores quanto seus leitores. O escritor é transformado através do processo de transmitir seu conhecimento e experiência, ponderando sobre a importância de suas vivências e encontros. Alexander fez um trabalho magnífico de curar e compartilhar cuidadosamente aspectos de sua jornada que eram essenciais para si mesmo e que ele sentiu que beneficiariam as gerações futuras. Como leitores, tudo o que precisamos fazer é investir algumas horas lendo estes capítulos, e podemos - se estivermos abertos e prontos para isso - ganhar insights e perspectivas que nos ajudarão a navegar por nossos próprios caminhos através dos mistérios.

Não há dúvida - os livros são verdadeiros mestres, e no mundo do esoterismo, podem ser os maiores de todos. Os livros são líderes silenciosos com a capacidade de educar e transformar nossas vidas, e, junto a isso, nosso conhecimento e compreensão. Eles podem levar aprendizado a leitores em qualquer lugar do mundo e podem superar barreiras linguísticas através da tradução. Este livro, que você agora tem em suas mãos, é uma deliciosa jornada experiencial através da vida mística e mágica de um adorável Sacerdote, cuja integridade e calor são indiscutivelmente belos e mágicos. Você acabou de absorver uma visão excepcional sobre aspectos tanto da cena Wicca quanto Pagã nos Estados Unidos nas últimas décadas, e teve vislumbres privados das culturas Cubana e da Diáspora Africana que influenciaram Alexander. A diversidade de experiências e o valor e respeito que ele sempre aplicou a seus professores e práticas são algumas das razões pelas quais sinto afinidade por Alexander e o valorizo como amigo.

Assim como Alexander, fui influenciada por várias tradições espirituais e, como ele, minha jornada começou em um lugar cultural e religiosamente muito diferente de onde vivo agora. Nasci no sul da África, com ancestrais predominantemente europeus, cresci em uma mistura de culturas sul-africana e italiana. Mudei-me para o Reino Unido há mais de 25 anos, mas tendo experimentado diferentes perspectivas sobre religião e cultura, não apenas através do meu país de nascimento, mas também por minhas experiências em outros lugares, sou diversa.

Através do meu trabalho como escritora, tive o privilégio de passar os últimos 20 anos da minha vida estudando as tradições religiosas e mitologias de muitas religiões mundiais. Pude visitar alguns dos sítios sagrados mais famosos de religiões modernas e antigas em todo o mundo, e passei algum tempo ao longo do caminho com praticantes de muitas tradições religiosas e mágicas diferentes. Além disso, através da minha vida cotidiana como editora esotérica, minha vida profissional é preenchida com a tarefa de disponibilizar os escritos de outros autores ao mundo. Isso me deu um ponto de vista que às vezes é marcadamente diferente do de meus colegas, mas que valorizo a cada passo do caminho.

Como praticante baseada no Reino Unido, foi somente nos últimos anos que adquiri uma compreensão, por assim dizer, das complexidades e da dimensão do movimento da Deusa e da Wicca nos Estados Unidos. No geral, os grupos ocultistas e Pagãos britânicos são, talvez, muito mais reservados e privados do que aqueles que encontrei nos Estados Unidos, embora sempre haja exceções em ambos os lados. Continuo surpresa com a diversidade e dedicação mostradas pelos praticantes nos Estados Unidos e o nível de profissionalismo dos praticantes e professores baseados na América!

As origens das práticas da Wicca, que explorei no livro *Wicca: Magickal Beginnings* (2008, coautorado com Rankine), podem ser rastreadas até os grimórios medievais, o renascimento e as práticas encontradas em todo o Mediterrâneo antigo, com algumas influências ecoadas naquelas encontradas no Antigo Egito e na Babilônia. O movimento Wiccaniano de Gerald Gardner pode ter começado no Reino Unido, mas foi transformado nos Estados Unidos nas últimas décadas no movimento global que se tornou hoje. Agora é uma religião internacional com muitas facetas diferentes, iniciatórias ou não, e deu origem a muitas das tradições Pagãs e da Deusa que se inspiraram nas práticas, crenças centrais e celebrações da Wicca. A Wicca, como uma Tradição Mágica e religiosa, continua a evoluir nas mãos de cada praticante ou grupo que a pratica, trazendo sua própria experiência e conhecimento. A Magia, não importa quando, assume a religião de sua época. Ela está viva e continua a evoluir e se transformar.

Isso é evidenciado nas práticas e crenças Mágicas coesas nas mãos de Gerald Gardner no Reino Unido durante os anos 1950. O trabalho de Gardner foi inspirado e informado por sua experiência com o Coven de New Forest, bem como pelo trabalho do ocultista Aleister Crowley, do folclorista americano Charles G. Leland e de muitos outros que vieram antes. Crowley e Leland também foram influenciados pelo que veio antes. O trabalho de Crowley foi construído sobre seu conhecimento da Ordem Hermética da Aurora Dourada, a Golden Dawn; o trabalho de Éliphas Lévi e de inúmeros outros – sem mencionar suas próprias experiências e experimentos. Leland, por outro lado, foi formado pelos escritos de gerações anteriores e por informantes nas regiões em que ele viajou. Com cada geração, encontramos o mesmo. Por exemplo, Éliphas Lévi foi influenciado por escritores como Fludd, Paracelso, Swedenborg e muitos outros.

Hoje, talvez seja mais simples do que nunca registrar e compartilhar o conhecimento e as experiências que adquirimos, mas é sempre um trabalho de amor. Quando feito da maneira que Alexander fez neste livro, é também um ato de devoção e serviço. Pode ser clichê, mas é verdade de todas as formas que estudar o passado pode nos ajudar a aprender com os sucessos e fracassos daqueles que vieram antes de nós e, em seguida, continuar o trabalho de melhorar e evoluir esse conhecimento para um futuro mais brilhante e melhor. Alexander fez isso de forma magnífica neste tomo. Espero que você abrace e tire dele, assim como eu, a paixão, amor e respeito que o autor tem pelos professores e experiências que teve em sua vida, e encontre maneiras de aplicá-lo em sua própria história.

Muitas bênçãos em seu caminho,

Sorita D'Este

Glastonbury, 2021

Bibliografia

AYEGBOYIN, Deji; Olajide, S. K. (2009), Olodumare, *Encyclopedia of African Religion,* SAGE Publications, Inc.

https://arthurconandoyle.co.uk/spiritualist
https://babblingbrookereadings.com/rolla-nordic/

http://www.bbc.com/travel/story/20161209-secret-history-of-the-freemasons-in-scotland

BBC Inside Out – *Sybil Leek*; White witch. BBC. 28 October 2002.

BULFINCH, (2001). *One Hundred Saints.* Boston, MA: Little, Brown and Company.

CABOT, Laurie. *The Power of the Witch: The Earth, The Moon, and the Magical Path to Enlightenment.*

CABOT, Laurie. *Book of Shadows.*

CARLSON, Maria (2015). *No Religion Higher Than Truth: A History of the Theosophical Movement in Russia,* 1875-1922.

CREOLE. *The Encyclopedia Britannica.* March 01, 2019.

CROWLEY, Aleister. *Crowley's Book of the Law.*

CROWLEY, Aleister. *Moon Child.*

CROWLEY, Aleister. *The Qabbalah of Aleister Crowley.*

DANN, Graham M. S. *Religion and Cultural Identity: The Case of Umbanda. Sociological Analysis,* Vol. 30, No. 3, pp. 208–225.

DAUGHERTY, Michelle (2 October 2014). *Kemetism - Ancient Religions in our Modern World.* Michigan State University. USA.

DAWES, Gregory. The Rationality of Renaissance Magic.

THE Devil`s Blue Dye: Indigo and Slavery. April 21, 2018.

GONZALEZ-WIPPLER, Migene. *Santeria: The Religion.* Llewellyn Publications. 2003.

HANCOCK, Graham. *The Sign and the Seal – The Quest for the Lost Ark of the Covenant.*

HARRISON, PM (2012). *Profane Egyptologists: The Revival and Reconstruction of Ancient Egyptian Religion.* UCL (University College London).

HEISER, James D., Prisci Theologi and the Hermetic Reformation in the Fifteenth Century, Repristination Press (2011).

Hermeticism The Concise Oxford Dictionary of World Religions

JACOB, Margaret. *The Origins of Freemasonry. Facts and Fictions.* Philadelphia, PA, University of Pennsylvania Press, 2006,

KARDEC, Allan. The Spirit's Book, 1857.

KARDEC, Allan. The Genesis According to Spiritism, 1868. LaVey, Anton Szandor. Satanic Bible, 2017.

LOVECRAFT, H.P. *Necronomicon*, 2008.

LOUAGIE, Kimberly. *The Bonds He Did Not Break: Harry Houdini and Wisconsin.* Wisconsin Magazine of History, Vol. 85, No. 3 (Spring, 2002), pp. 2-17

MARSHALL, Peter. *The Philosopher's Stone: A Quest for the Secrets of Alchemy,* 2001.

MATHIESEN, Robert; Theitic (2005). *The Rede of the Wiccae: Adriana Porter, Gwen Thompson and the Birth of a Tradition of Witchcraft.*

MAYO, Caswell *A. American Druggist and Pharmaceutical Record,* 1902.

MCKINLEY, Catherine *E. Indigo: In Search of the Color That Seduced the World,* 2011.

https://occult-world.com/doyle-sir-arthur-conan/ http://oconsolador.com/linkfixo/biografias/ingles/amalia.html

Order of the Eastern Star Masonic Dictionary, retrieved 9 January 2013

PEEL, JYL (2016). *The Three Circles of Yoruba Religion.* University of California Press: 214–232.

https://qz.com/africa/1890291/why-so-many-african-americans-have-nigerian-ancestry/

VILLARREAL, Raul and Rene. *Hemingway's Cuban Son: Reflections on the Writer by His Long Time Majordomo,* 2008.

SANCHEZ, Sara. *Afro-Cuban Diasporan Religions: A Comparative Analysis of the Literature and Selected Annotated Bibliography,* 2000.

SCHWARTZ, Stephan A. *Spirit World, American Heritage,* April/May 2005.

SMITH, Robert Sydney (1988). *Kingdoms of the Yoruba.* University of Wisconsin Press.

SPENCE, Lewis. (2003). *Encyclopedia of Occultism and Parapsychology.* Kessinger Publishing. p. 491.

SZONYI, Gyorgy E., *John Dee's Occultism: Magical Exaltation Through Powerful Signs,* S U NY Series in Western Esoteric Traditions, State University of New York Press (2005).

THREE Initiates. (2012) *The Kybalion: A Study of The Hermetic Philosophy of Ancient Egypt and Greece.* Rough Draft Printing.

WIGINGTON, Patti. *The History of a Year and a Day in Paganism. Learn Religions,* Aug. 26, 2020, learnreligions.com/year-and-a- day-2561939.

ARDANE

Esta edição foi composta pela
Ardane Books, São Paulo, SP. O papel
utilizado foi o papel Offset gramatura 90.
O texto principal foi composto em fonte
Minion Pro, 12 e entrelinhamento 14,4,
os títulos em Arsenica Variable, 29, os
subtítulos em Fang, 16, as epígrafes em
Calíbri Light, 11. Impresso no Brasil.